Éditeur : COBRA
18/22, rue des Poissonniers
92200 Neuilly-sur-Seine
RCS Nanterre 333 761 377

Crédits photographiques
Couverture : photo principale Asset/Sucré Salé ; vignette h : Roulier/Turiot/Sucré Salé ; vignette c : Mallet/Sucré Salé ; vignette b : Desgrieux/Sucré Salé ; rabat h : Muriot/Sucré Salé ; rabat hc : Taillard/Sucré Salé ; rabat bc : Fotospring/Sucré Salé ; rabat b : Varella/Stockfood/StudioX.

P. 3h, 9, 31, 44, 53, 54, 55, 70 : Roulier/Turiot/Sucré Salé ; p. 3c, 4bd, 20, 41, 52 : Mallet/Sucré Salé ; p. 3b, 50, 79 : Desgrieux/ Sucré Salé ; p. 4, 23cd, 30 : Taillard/Sucré Salé ; p. 5hg, 17, 26, 28, 60, 91 : Garcia/Sucré Salé ; p. 7 : Marielle/Sucré Salé ; p. 8, 27, 69 : Amiel/Sucré Salé ; p. 10, 18, 45 : Muriot/Sucré Salé ; p. 11 : Bichon/Sucré Salé ; p. 12 : Mechali/Stockfood/StudioX ; p. 13, 63hg, 84 : Leser/Sucré Salé ; p. 14, 36, 49 : Rivière/Sucré Salé ; p. 15 : Food & Drink/Sucré Salé ; p. 16 : Bagros/Sucré Salé ; p. 19, 46hg, 68, 80 : Viel/Sucré Salé ; p. 21, 47, 67 : Hall/Sucré Salé ; p. 22hg, 85 : Sudres/Sucré Salé ; p. 39 : Chassenet/ Sucré Salé ; p. 23hg : Da Costa/Sucré Salé ; p. 24, 76 : Bilic/Sucré Salé ; p. 25 : Hoffmann/Stockfood/StudioX ; p. 29, 35, 88 : Fondacci/Markezana/Sucré Salé ; p. 32, 93 : Nicoloso/Sucré Salé ; p. 33 : Swalens/Sucré Salé ; p. 34 : Debru/Sucré Salé ; p. 37 : Carnet/Sucré Salé ; p. 38 : Asset/Sucré Salé ; p. 42, 87 : Sirois/Sucré Salé ; p. 43 : Erricson/Stockfood/StudioX ; p. 46cd : Amiard/ Sucré Salé ; p. 51 : Descordes/Sucré Salé ; p. 56 : Leduc/Sucré Salé ; p. 57 : Radvaner/Sucré Salé ; p. 58 : Caillaut/Sucré Salé ; p. 59 : King/Stockfood/StudioX ; p. 61 : Vogt/Stockfood/StudioX ; p. 62, 77 : Studio/Sucré Salé ; p. 64 : Rua/Stockfood/StudioX ; p. 65 : Eising/Stockfood/StudioX ; p. 71, 86 : Riou/Sucré Salé ; p. 72 : Fotospring/Sucré Salé ; p. 73 : Gablewski/Stockfood/ StudioX ; p. 74 : Court/Sucré Salé ; p. 75 : Veigas/Sucré Salé ; p. 78 : Thys/Supperdelux/Sucré Salé ; p. 81 : Winkelmann/Sucré Salé ; p. 82 : Varella/Stockfood/StudioX ; p. 83 : Lawton/Sucré Salé ; p. 89 : Bonnier/Sucré Salé ; p. 90 : Eising/Sucré Salé ; p. 92 : Blin/Sucré Salé ; p. 94 : Vaillant/Sucré Salé.

Conception graphique, réalisation : MediaSarbacane
Rédaction : Yann Leclerc, Françoise Zimmer

Imprimé par CAYFOSA
Ctra de Caldes, km 3
08130 Sta Perpetua de Mogada
Barcelone (Espagne)

Achevé d'imprimer : juin 2011
Dépôt légal : juillet 2011
ISBN : 978-2-8152-0252-7

Ma cuisine pratique de saison

mes recettes de Mars

Sommaire du mois de Mars

Entrées

Plats

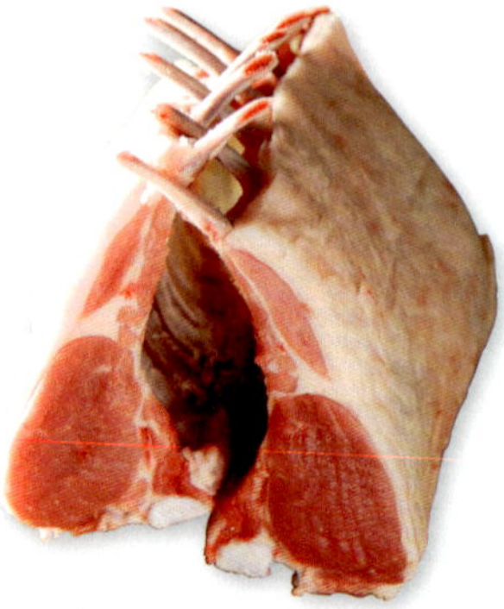

accompagnements

desserts

Salade de lentilles tièdes aux gésiers confits

Contrairement aux autres légumes secs, les lentilles ne nécessitent aucun trempage avant leur cuisson.

Facile | Pour **4 personnes** | Préparation **15 min** | Cuisson **40-45 min**

Ingrédients

- 300 g de lentilles vertes
- 3 gousses d'ail
- 2 gros oignons (1 jaune et 1 blanc)
- 1 clou de girofle
- 1 bouquet garni
- 50 cl de vin blanc sec
- 2 c. à s. de vinaigre de xérès
- 2 c. à c. de moutarde forte
- 6 c. à s. d'huile de tournesol
- 2 c. à s. de ciboulette ciselée
- 2 c. à s. de persil ciselé + 1 brin pour décorer
- 12 gésiers de volaille confits
- Sel, poivre

1. Triez et lavez les lentilles. Pelez les gousses d'ail et les oignons. Piquez le jaune du clou de girofle. Émincez le blanc et réservez-le.

2. Mettez les lentilles dans une cocotte avec l'ail, l'oignon piqué et le bouquet garni. Ajoutez le vin et de l'eau pour couvrir à hauteur. Portez le tout à ébullition. Baissez le feu, puis couvrez. Laissez frémir 40 à 45 min, en prenant soin de ne saler qu'au bout de 30 min.

3. Dans un saladier, mélangez le vinaigre avec la moutarde, du sel et du poivre. Émulsionnez avec l'huile en fouettant bien, puis incorporez les herbes ciselées. Découpez enfin les gésiers en lanières.

4. Égouttez les lentilles. Retirez l'oignon piqué et le bouquet garni. Transférez les lentilles dans le saladier avec l'oignon réservé et les gésiers. Mélangez. Décorez du brin de persil et servez aussitôt, encore tiède.

Le gésier de volaille

Produit phare du **Périgord**, le gésier est **l'un des trois abats** principaux (avec le cœur et le foie) des volailles, et notamment des poulets, des oies et des canards : il s'agit d'une poche leur servant à broyer les grains. Les volaillers le préparent en le **vidant de sa poche**, avant de le commercialiser. Achetés crus, les gésiers sont généralement blanchis à l'eau bouillante salée, avant d'être **revenus au beurre**, par exemple avec des échalotes et une pointe d'ail. Mais **ils sont le plus souvent vendus confits**, présentés sous vide, encore dans leur graisse. Le mieux est alors de les réchauffer à feu doux, puis de les éponger sur du papier absorbant, pour bien les sécher. Coupez-les ensuite en **fines lamelles**, avant de les ajouter dans une salade – landaise, par exemple.

Salade parmentière de poulpe aux câpres

La saveur très fine des poulpes charnus est particulièrement bien mise en valeur dans cette salade.

Facile | Pour **4 personnes** | Préparation **20 min** | Cuisson **25 min**

Ingrédients

- 500 g de pommes de terre à chair ferme
- 1 kg de petits poulpes vidés et dépiautés par le poissonnier
- 1 c. à s. de vinaigre de vin blanc
- 2 l de court-bouillon pour poisson (à partir de préparation en poudre instantanée)
- Le jus de 1 citron
- 1 c. à c. de moutarde forte
- 10 cl d'huile d'olive
- 4 cébettes émincées
- 4 c. à s. de fruits de câprier (vendus sous le nom de « fleurs de câpres ») en saumure, rincés puis égouttés
- Sel, poivre du moulin

1. Pelez et lavez les pommes de terre. Faites-les cuire 25 min à l'eau bouillante salée. Égouttez-les et coupez-les en cubes.

2. Pendant ce temps, lavez les poulpes dans de l'eau vinaigrée. Égouttez-les. Coupez les poches en petits morceaux et les tentacules en tronçons. Plongez-les dans le court-bouillon froid. Portez à frémissements. Laissez cuire 20 min et égouttez.

3. Dans un saladier, mélangez le jus de citron avec la moutarde et du sel, puis émulsionnez avec l'huile, en fouettant.

4. Ajoutez les morceaux de poulpe et les cubes de pomme de terre encore tièdes, les cébettes et les câpres. Mélangez bien. Poivrez et servez sans attendre.

Poulpes marinés au poivron et aux olives

Un amuse-bouche relevé, à servir à l'apéritif avec des piques en bois et… des serviettes en papier !

Facile | Pour **6 personnes** | Préparation **15 min** | Cuisson **20 min** | Marinade **6 h**

Ingrédients

- 1 kg de petits poulpes vidés et dépiautés par le poissonnier
- 1 c. à s. de vinaigre de vin blanc
- 1 gros poivron rouge
- 1 petit piment rouge frais
- 1 bouquet garni
- Le jus de 2 citrons verts
- 10 cl d'huile d'olive
- 1 gros oignon blanc finement émincé
- 1 cm de racine de gingembre pelée et râpée
- 3 gousses d'ail écrasées
- 24 olives (12 vertes et 12 violettes) dénoyautées
- Sel, poivre

1. Lavez les poulpes à l'eau vinaigrée. Égouttez-les. Coupez les poches en morceaux et les tentacules en tronçons. Lavez et épépinez le poivron. Coupez-le en lanières. Rincez le piment.

2. Plongez les poulpes dans 2 l d'eau froide avec le bouquet garni et le piment rouge. Portez le tout à frémissements. Laissez cuire 20 min, en ajoutant le poivron au bout de 10 min, puis laissez refroidir dans le bouillon. Égouttez, puis retirez le piment et le bouquet garni.

3. Dans un saladier, mélangez le jus de citron avec du sel et du poivre. Émulsionnez avec l'huile d'olive en fouettant bien, puis incorporez l'oignon, le gingembre et l'ail.

4. Ajoutez les poulpes, le poivron et les olives. Mélangez intimement. Laissez mariner au moins 6 h avant de servir.

Quiche à la brousse, aux carottes et au brocoli

Pour une entrée des plus appétissantes, servez cette quiche légère et délicate avec une salade verte.

Facile | Pour **6 personnes** | Préparation **15 min** | Cuisson **40 min**

Ingrédients

- 1 pâte feuilletée préétalée
- 300 g de fleurettes de brocolis
- 300 g de carottes nouvelles
- 500 g de brousse
- 4 œufs battus
- 2 pincées de noix muscade râpée
- Sel, poivre

1. Préchauffez le four à 180 °C (th. 6). Garnissez une tourtière de 24 cm de diamètre avec la pâte soutenue par son papier sulfurisé. Piquez le fond à la fourchette. Découpez le papier aux ciseaux au ras de la pâte.

2. Rincez les fleurettes de brocolis. Supprimez les fanes de carottes. Lavez-les sans les peler et coupez-les en dés. Faites-les blanchir 10 min à l'eau bouillante salée, en ajoutant les brocolis au bout de 5 min. Égouttez, rafraîchissez à l'eau froide et égouttez à nouveau soigneusement.

3. Dans une jatte, fouettez la brousse avec les œufs, du sel, du poivre et la muscade.

4. Répartissez les légumes sur le fond de pâte. Recouvrez-les de la préparation à la brousse. Enfournez pour 30 min, puis laissez reposer la quiche 5 min avant de la démouler. Retirez le papier en le tirant doucement pour le faire glisser. Servez chaud, à l'assiette.

La brousse

Terme générique servant à dénommer plusieurs **fromages à pâte fraîche**, la brousse désigne ainsi de nombreux fromages typiques du monde entier, dont le **brocciu** corse ou le mizithra grec. Préparés à partir de lactosérum (« petit-lait »), ils sont **très frais et mousseux,** ce qui permet de préparer des recettes salées ou sucrées, notamment des **terrines,** des ballotins ou, comme ici, des quiches, des tartes et même des **desserts** (la brousse se marie très bien au citron ou aux fruits rouges). Avec **260 kcal/100 g** en moyenne, elle est moins calorique que la plupart des autres fromages… mais sa saveur fraîche incite à la consommer en plus grande quantité. Sa **richesse en calcium** est tout particulièrement intéressante pour les enfants et personnes âgées.

Œufs à la coque aux graines germées

Une entrée originale, de surcroît très riche en vitamines, qui renouvelle la présentation des œufs à la coque.

Facile | Pour **4 personnes** | Préparation **10 min** | Cuisson **3-4 min**

Ingrédients

- 300 g de graines germées mélangées selon votre choix : alfalfa (luzerne), cresson, roquette, chou rouge, orge, haricots mungo…
- 1 c. à c. de vinaigre de vin blanc
- 1 c. à s. d'huile d'olive
- 4 gros œufs extrafrais
- 8 mouillettes de pain blanc
- 30 g de beurre demi-sel ramolli
- 4 beaux radis rouges ronds, coupés en fines rondelles
- Sel, poivre

1. Rincez les graines germées. Égouttez-les bien. Dans un saladier, mélangez le vinaigre avec du sel et du poivre, puis émulsionnez avec l'huile d'olive, en fouettant. Ajoutez la moitié des graines germées et mélangez soigneusement. Répartissez-les dans 4 petits verres.

2. Faites cuire les œufs de 3 à 4 min à l'eau bouillante salée. Faites très légèrement griller les mouillettes au grille-pain, puis tartinez-les de beurre. Parsemez-les du reste des graines germées et des rondelles de radis.

3. Égouttez les œufs. Déposez-les sur les verres en guise de coquetiers. Dégustez-les accompagnés des mouillettes, puis savourez la salade de graines germées contenue dans les verres.

Les graines germées

Les graines germées sont d'excellentes sources de **nutriments** ; elles sont gorgées d'**antioxydants**, notamment. Outre les croquantes pousses « **de soja** » (en fait des pousses de haricots mungo, une légumineuse), vous en trouverez quelques-unes dans le commerce (alfalfa, trèfle), surtout dans les **magasins bio**, conditionnées en petites barquettes, au rayon frais. Mais leur **fragilité** fait qu'elles sont vraiment intéressantes… lorsqu'**on les fait pousser soi-même** ! Ne faites surtout pousser que les graines vendues à cet effet, sans traitement. Cela ne vous coûtera guère que quelques euros pour des centaines de graines, qui vous fourniront pendant de longs mois en pousses fraîches ! Les plus courantes sont la **luzerne** (« pousses d'alfalfa »), le fenugrec, le tournesol (photo), les lentilles, le **trèfle**, les pois chiches, l'**avoine**, le quinoa, le sésame, la carotte, le **radis**, le cresson, le lin, la roquette, la **moutarde**… Attention, certaines sont toxiques (tomate, aubergine…).

Conseils pratiques

• ACHAT

Achetez des graines prévues pour être germées à domicile séparément ou en mélange (elles sont regroupées selon leur temps de germination). Commencez par de petites quantités (40 g), pour avoir la possibilité de déterminer vos pousses préférées.

• MATÉRIEL

Vous pouvez utiliser une simple assiette creuse, mais un germoir adapté est idéal : étagé, laissant passer la lumière, il est percé de trous qui vous permettront de rincer vos graines chaque jour. Les étages situés dans le bas sont spécifiquement destinés aux graines le plus récemment mises à germer.

• MISE EN ŒUVRE

Respectez les instructions des sachets : certaines graines doivent être soit rincées, soit mises à tremper quelques heures. Ensuite, disposez-les à plat dans le germoir, puis arrosez-les. Placez à l'abri de la lumière directe et laissez germer 3 à 4 jours, en arrosant quotidiennement.

• UTILISATION

Les graines germées se récoltent après 2 à 8 jours de pousse. Elles se préparent de préférence en salade, mais elles peuvent également garnir des feuilletés ou des tartines. On peut aussi les utiliser pour préparer des bouchées, voire des verrines…

Le + nutrition

De façon générale, les graines germées sont beaucoup plus nutritives que les plantes dont elles sont issues. Elles sont riches en vitamines C, K et du groupe B, et présentent une teneur exceptionnelle en minéraux : fer, calcium, magnésium, phosphore…

Pour 100 g de pousses de soja
> 30 kcal
> Protéines : 3 g
> Glucides : 4 g
> Vitamine C : 13 mg
> Potassium : 149 mg
> Phosphore : 77 mg

Velouté glacé de radis à la brousse

Une entrée rafraîchissante et goûteuse qui ouvrira délicieusement l'appétit de vos convives !

Facile | Pour **4 personnes** | Préparation **10 min** | Cuisson **30 s** | Réfrigération **1 h**

Ingrédients

– 1 botte de radis rouges ronds
– 200 g de brousse
– 1 c. à s. de jus de citron
– 10 cl de crème liquide
– Huile d'olive extravierge
– Sel fin, fleur de sel, poivre du moulin

1. Retirez les racines et les fanes des radis. Lavez-les et égouttez-les. Réservez-en 2. Faites blanchir les autres 30 s à l'eau bouillante, puis égouttez-les, plongez-les dans de l'eau glacée et égouttez-les de nouveau.

2. Coupez les radis blanchis en petits morceaux. Mixez-les avec la brousse, le jus de citron, la crème et 2 pincées de sel, jusqu'à l'obtention d'un velouté à la texture lisse et homogène.

3. Répartissez le velouté dans 4 bols de service. Réservez 1 h au réfrigérateur. Coupez les radis réservés en rondelles fines.

4. Juste avant de servir, décorez les veloutés de rondelles de radis, arrosez de quelques gouttes d'huile d'olive, parsemez de quelques grains de fleur de sel et poivrez.

Salade de chou rouge aux deux radis

Un arc-en-ciel de couleurs et de saveurs mêlées dans cette salade croquante survitaminée !

Facile | Pour **4 personnes** | Préparation **25 min**

Ingrédients

– 4 c. à s. de raisins secs
– 2 pommes
– Le jus de ½ citron
– 1 tige de céleri branche
– 1 botte de radis longs
– ¼ de radis noir
– 1 c. à s. de vinaigre de cidre
– 1 c. à s. de vinaigre de framboise
– 5 c. à s. d'huile de tournesol
– 1 c. à s. d'huile de noix
– 2 carottes râpées
– 1 quart de chou rouge émincé
– 2 c. à s. de graines de courge séchées
– Sel, poivre

1. Faites tremper les raisins dans de l'eau chaude. Lavez et séchez les pommes. Coupez-les en quatre, épépinez-les, puis détaillez-les en fins quartiers. Citronnez-les.

2. Effilez le céleri. Retirez les racines et les fanes des radis longs. Lavez-les et séchez-les. Coupez le tout en lamelles dans la longueur à l'économe. Pelez le radis noir. Coupez-le en fins bâtonnets.

3. Dans un saladier, mélangez les vinaigres avec du sel et du poivre, puis émulsionnez avec les deux huiles, en fouettant. Ajoutez les carottes, le chou, les pommes citronnées, le céleri, les deux radis et les raisins égouttés.

4. Mélangez bien. Parsemez des graines de courge et servez sans attendre, pour éviter au chou rouge de colorer les autres ingrédients.

Petits gâteaux aux féuettes et au thym

Pour surprendre uos amis à l'apéritif, proposez-leur ces petits gâteaux : ils uous en redemanderont !

Facile | Pour **6 petits gâteaux** | Préparation **25 min** | Cuisson **30 min**

Ingrédients

- 400 g de févettes fraîches
- 180 g de farine tamisée
- ½ sachet de levure chimique
- 3 œufs
- 10 cl d'huile d'olive
- 10 cl de lait
- 1 c. à s. rase de thym séché
- Sel, poivre

1. Préchauffez le four à 180 °C (th. 6). Déposez un moule à muffins en silicone de 6 empreintes cannelées sur une grille.

2. Écossez les févettes. Faites-les blanchir 5 min à l'eau bouillante. Égouttez-les et rincez-les à l'eau froide. « Dérobez »-les en les pinçant entre le pouce et l'index. Hachez-les grossièrement au couteau.

3. Dans un saladier, mélangez la farine, la levure et ½ c. à c. de sel. Dans une jatte, fouettez les œufs avec l'huile et le lait. Versez en filet sur le contenu du saladier, en mélangeant bien jusqu'à obtention d'une pâte lisse.

4. Incorporez les févettes, le thym et du poivre. Répartissez dans les moules, en les remplissant aux trois quarts. Enfournez pour 25 min. Laissez tiédir avant de démouler et de servir.

Salade de féuettes au lard

Les tendres féuettes fraîches, tout juste cueillies, apportent toute leur singularité à cette salade fraîche.

Facile | Pour **4 personnes** | Préparation **25 min** | Cuisson **12-13 min**

Ingrédients

- 1 kg de févettes fraîches
- 600 g de petits pois extrafins
- 2 cébettes
- 1 grosse endive rouge émincée
- 4 fines tranches de lard de poitrine maigre coupées en lamelles
- 2 c. à s. de vinaigre de cidre
- 5 c. à s. d'huile de tournesol
- 20 feuilles de laitue lavées et essorées
- 1 petite poignée de feuilles de menthe
- Sel, poivre

1. Écossez les févettes et les petits pois. Faites-les cuire, séparément, 10 min à l'eau bouillante. Égouttez-les et rincez-les à l'eau froide. « Dérobez » les fèves en les pinçant entre le pouce et l'index.

2. Nettoyez les cébettes. Émincez-en les bulbes et tronçonnez-en les tiges. Mettez le tout dans un saladier avec les févettes, les petits pois et l'endive.

3. Dans une poêle antiadhésive, faites griller le lard 2 à 3 min à sec à feu vif, en remuant. Déposez-le à l'écumoire sur les légumes. Déglacez la poêle avec le vinaigre, en grattant le fond à la spatule. Versez sur le contenu du saladier. Salez, poivrez et ajoutez l'huile. Mélangez bien.

4. Disposez 5 feuilles de laitue en corolle sur 4 assiettes. Répartissez-y la salade et décorez de menthe. Servez aussitôt.

Tortilla de pommes de terre persillées au bleu d'Auvergne

Cette savoureuse variante au bleu d'Auvergne de la tortilla espagnole se déguste à l'apéritif.

Facile | Pour **6 personnes** | Préparation **15 min** | Cuisson **35 min**

Ingrédients

- 750 g de pommes de terre farineuses
- 6 c. à s. d'huile d'olive
- 2 gros oignons émincés
- 8 œufs
- ½ c. à c. de noix muscade râpée
- ½ bouquet de persil finement ciselé
- 150 g de bleu d'Auvergne
- 30 g de beurre en parcelles
- Sel, poivre

1. Préchauffez le four à 180 °C (th. 6). Pelez et lavez les pommes de terre, puis coupez-les en rondelles de 5 mm d'épaisseur. Épongez-les dans un linge.

2. Faites chauffer l'huile d'olive dans une grande sauteuse à feu moyen. Mettez-y les pommes de terre et les oignons à revenir 5 min, en remuant. Égouttez pour éliminer l'excédent d'huile.

3. Dans un grand saladier, fouettez les œufs avec du sel, du poivre et la muscade. Ajoutez les pommes de terre et les oignons. Mélangez bien. Transférez dans un plat à gratin sur 5 cm d'épaisseur environ. Enfournez pour 25 min.

4. Dans un bol, mélangez le persil à la fourchette avec le bleu d'Auvergne. Répartissez sur la tortilla en une couche uniforme et parsemez de beurre. Poursuivez la cuisson 5 min. Laissez tiédir avant de démouler, puis de découper en cubes. Servez encore tiède.

Le bleu d'Auvergne

Fromage à pâte persillée bénéficiant d'une AOC depuis 1975, le bleu d'Auvergne est préparé avec du lait de vache cru, ensemencé avec le même **champignon microscopique** que le roquefort. Un savant brassage assure la répartition des spores, puis, une fois moulé, le fromage est piqué de très nombreuses aiguilles, pour bien assurer l'apport en oxygène nécessaire à leur croissance. Le bleu d'Auvergne développe ainsi une **pâte crémeuse et régulière**, de couleur blanc ivoire, parsemée d'un persillage bleu-vert, en larges cavités, sur toute son épaisseur. Appréciez-le après un **affinage minimal de 1 mois**, et même jusqu'à 3 mois pour les bleus d'Auvergne exceptionnels. Il agrémente **salades** ou tartines, mais sait également relever la saveur d'une **viande rouge**.

Salade de boulgour au cantal vieux

Associé au chorizo et au pomélo, le cantal donne tout son caractère à cette salade nutritive et parfumée.

Facile | Pour **6 personnes** | Préparation **25 min**

Ingrédients

- 500 g de boulgour
- 7 c. à s. d'huile d'olive
- 2 pomélos
- Le jus de 1 ½ citron
- 180 g de cantal vieux coupé en petits morceaux
- 12 radis roses coupés en rondelles
- 18 tranches de chorizo coupées en deux
- 3 c. à s. de feuilles de menthe ciselées + quelques feuilles pour décorer
- 3 c. à s. de petites feuilles de basilic
- Sel, poivre du moulin

1. Versez le boulgour dans un saladier. Couvrez-le d'eau bouillante à hauteur. Une fois l'eau absorbée, incorporez 3 c. à s. d'huile d'olive et réservez au frais.

2. Pelez les pomélos à vif. Prélevez leurs segments en glissant une lame de couteau entre la pulpe et les membranes. Procédez au-dessus d'un bol, pour recueillir le jus qui s'écoule. Ajoutez le jus de citron, du sel et du poivre, puis émulsionnez avec le reste d'huile d'olive.

3. Ajoutez le cantal au boulgour avec les radis, le chorizo, la menthe ciselée, les trois quarts des feuilles de basilic et les segments de pomélos coupés en deux.

4. Arrosez de la sauce et mélangez. Décorez de feuilles de menthe et du reste des feuilles de basilic, poivrez et servez.

Chaussons au cantal et à la tomate

Dorés et croustillants, ces chaussons dissimulent une garniture où tomates et cantal s'unissent en harmonie.

Facile | Pour **12 chaussons** | Préparation **30 min** | Cuisson **20 min**

Ingrédients

- 300 g de cantal
- 300 g de tomates olivettes
- Farine pour le plan de travail
- 300 g de pâte feuilletée pur beurre préétalée
- 1 gros œuf battu
- Poivre du moulin

1. Préchauffez le four à 200 °C (th. 6-7). Râpez le cantal. Pelez les tomates avec un économe spécifique, puis coupez-les en très petits dés.

2. Sur le plan de travail légèrement fariné, étalez la pâte sur 4 mm d'épaisseur. À l'aide d'un emporte-pièce, découpez-y 12 disques de 8 cm de diamètre. Répartissez dessus le fromage et les dés de tomate. Poivrez généreusement, mais ne salez surtout pas : le cantal l'est déjà.

3. Humidifiez le bord des disques au pinceau. Repliez-les en chaussons. Scellez-les bords en les pressant du bout des dents d'une fourchette. Dorez-les au pinceau avec l'œuf battu.

4. Déposez les petits chaussons sur une plaque à pâtisserie humide. Enfournez pour 20 min. Servez bien chaud.

Le cantal

Fromage à pâte pressée non cuite, le cantal présente une pâte blanche, puis jaune une fois arrivée à maturité, légèrement granuleuse, qui s'assèche progressivement au fur et à mesure de son affinage. Elle affirme ainsi sa saveur et sa texture : d'abord souple et fruitée, elle devient friable après quelques semaines. Véritable joyau du terroir auvergnat, le cantal est uniquement issu d'**élevages bovins extensifs,** profitant des **vastes pâturages du Cantal** et des départements limitrophes. C'est l'un des plus vieux fromages de France : il a été baptisé ainsi il y a près de 1000 ans ! Le décret de son appellation garantit un **affinage minimal de 30 jours,** mais il est aussi utilisé plus jeune, pour la fabrication de l'aligot : la « tomme de cantal » lui donne sa saveur souple. Affiné entre 30 et 60 jours, c'est le **cantal jeune,** aux parfums légers. Le **cantal entre-deux** est affiné de 3 à 7 mois ; il est plus friable et de saveur plus relevée. Enfin, le **cantal vieux** est affiné au moins 8 mois ; sa croûte est épaisse et bosselée, et son parfum beaucoup plus prononcé.

Conseils pratiques

• CHOIX

Choisissez votre cantal jeune, entre-deux ou vieux suivant l'utilisation prévue. Ainsi, pour un plateau de fin de repas, le cantal entre-deux est parfait. Le cantal vieux se sert plutôt émincé, éventuellement avec une confiture de fruits rouges.

• CONSERVATION

Le cantal se conserve dans son emballage, dans une boîte non hermétique (pour le laisser respirer) et dans un endroit frais. Le bas du réfrigérateur n'est pas idéal (un peu trop froid), mais peut néanmoins convenir. Placez-le dans ce cas à température ambiante 20 min avant de servir.

• À FROID

Coupé en fines lamelles, le cantal jeune peut égayer des salades vertes ou des salades composées. Plus il est affiné, plus il apprécie les saveurs sucrées-salées, en se mariant aux fruits (noix, pomme, poire, cassis…). Ajoutez-le toujours juste avant de servir, pour bien préserver sa texture.

• À CHAUD

Le cantal fond très bien, et pas seulement dans l'aligot : garnissez-en des crêpes, soufflés, feuilletés… Utilisez plutôt du cantal jeune, plus onctueux, et dont la saveur n'est pas trop prégnante.

Le + nutrition

Le cantal est un fromage calorique, à consommer en petites quantités. Riche en protéines, il est très salé, mais aussi extrêmement riche en calcium. Également bien doté en vitamine A de même qu'en phosphore, il peut être un fromage d'apprentissage pour les enfants, qui aiment à le grignoter.

Pour 100 g
- **> 365 kcal**
- **> Protéines : 24 g**
- **> Lipides : 30 g** dont 19 d'acides gras saturés
- **> Calcium : 800 mg**
- **> Sodium : 875 mg**

Le pain

Fabriqué à partir **de farine, de sel et d'eau,** le pain est l'aliment de base d'une grande partie de l'humanité, même s'il en existe de multiples variétés. Lorsqu'il est préparé à partir de farines riches en gluten et donc panifiables (essentiellement **blé** ou **seigle**), l'ajout de **levure** (ou de levain) et le pétrissage lui permettent de gonfler, donnant après cuisson une **mie alvéolée**, sous une **croûte croustillante**. On peut leur incorporer d'autres farines en proportion limitée (maïs, orge, châtaigne…) ainsi que des graines (tournesol, cumin) ou des fruits secs (noix, amandes…). Les **pains complets** utilisent une farine non débarrassée du son et du germe des grains : ce sont les plus nourrissants et les meilleurs pour la santé, fournissant notamment des glucides de très bonne qualité et une grande quantité de fibres alimentaires. Dans la famille des pains non levés (**azymes**), on dénombre notamment la tortilla mexicaine, le chapati indien ou le pita libanais. Aujourd'hui, grâce aux **machines à pain**, une part grandissante de la population prépare elle-même son pain…

Conseils pratiques

• VARIÉTÉS

Baguette, ficelle, bâtard ou pain : à partir de farine de blé T55, tout en longueur, mie très blanche et croûte croustillante. Typiquement français.

Pain de campagne : souvent préparé avec une part de farine de seigle, présenté sous forme de miche légèrement farinée.

Pain au levain : la levure a été remplacée par un mélange fermenté de farine et d'eau. Plus compact, un peu acide.

Pain de mie : contenant de la matière grasse et du sucre, il a une mie très moelleuse.

Fougasse : pain provençal, enrichi en huile d'olive.

Pain noir : pain à base de seigle, très dense, d'origine danoise, très consommé également en Allemagne.

• CONSERVATION

Un pain de campagne se conservera bien 8 à 10 jours, sous un torchon à température ambiante, si le temps n'est pas trop sec. Les baguettes ne se conservent en revanche que quelques heures, mais elles se congèlent très bien.

• MACHINE À PAIN

L'essayer, c'est l'adopter, car son utilisation est enfantine : mélangez-y simplement la farine, le sel, la levure et l'eau (éventuellement remplacée par de la bière). Appuyez sur le bouton… et laissez faire ! La machine mélange, pétrit, fait monter et cuit votre pain. Mais ne lui demandez pas tout de même de vous préparer des baguettes…

Le + nutrition

Plus le pain est blanc, plus ses glucides sont assimilés rapidement par l'organisme. Manger du pain ne fait pas grossir ; il permet au contraire de réguler l'alimentation, en évitant les fringales. Il apporte également des protéines, mais aussi des vitamines du groupe B et, bien sûr, des fibres.

Pour 100 g de pain de campagne
> 265 kcal
> Protéines : 8 g
> Glucides : 55 g
> Vitamine B9 : 31 µg
> Fibres : 3 g

Tartines aux herbes, jambon et ricotta

Des tartines riches de saveurs mêlées, à grignoter à l'apéritif ou comme en-cas lors d'une « petite faim ».

Facile | Pour **6 personnes** | Préparation **10 min**

Ingrédients

- 2 gousses d'ail
- 6 tranches de pain de campagne
- Huile d'olive extravierge
- 3 tranches de jambon de pays découennées
- 60 g de parmesan
- 250 g de ricotta
- Le jus et le zeste râpé de 1 citron non traité
- ½ bouquet de persil ciselé
- ½ bouquet de menthe ciselée
- Sel, poivre

1. Pelez les gousses d'ail et coupez-les en deux. Faites légèrement griller les tranches de pain au grille-pain. Frottez-les d'ail d'un seul côté et nappez-les d'un filet d'huile d'olive.

2. Découpez le jambon en lanières. Détaillez le parmesan en copeaux à l'aide d'un économe. Allumez le gril du four.

3. Dans une jatte, mélangez la ricotta avec le jus de citron et les herbes ciselées. Salez légèrement et poivrez généreusement. Répartissez cette pâte sur les tartines du côté aillé. Ajoutez les lanières de jambon.

4. Parsemez du zeste de citron et des copeaux de parmesan. Passez sous le gril juste le temps de faire fondre les copeaux et servez.

Petits toasts de tapenade

Du provençal *tapeno*, signifiant « câpres », la tapenade n'a pas pour ingrédient principal celui que l'on croit...

Facile | Pour **8 personnes** | Préparation **12 min** | Cuisson **10 min**

Ingrédients
– 250 g d'olives noires + 100 g pour la finition
– 80 g de câpres bien égouttées
– 1 petite gousse d'ail pelée et dégermée
– Huile d'olive
– 1 baguette de campagne
– Sel, poivre

1. Dénoyautez les olives noires, puis mettez-les dans le bol d'un mixeur. Ajoutez les câpres, l'ail et 4 c. à s. d'huile d'olive. Salez et poivrez.

2. Actionnez jusqu'à obtention d'une préparation homogène, puis transférez dans un bol et protégez de film alimentaire. Réservez au frais 30 min.

3. Pendant ce temps, préchauffez le four à 150 °C (th. 5). Coupez la baguette en tranches de 5 mm d'épaisseur légèrement de biais, puis disposez-les sur une plaque tapissée de papier sulfurisé.

4. Arrosez chaque toast de quelques gouttes d'huile d'olive et enfournez pour 10 min. Laissez tiédir hors du four.

5. Tartinez les toasts de tapenade et décorez du reste d'olives noires pour servir.

Brochettes de fromage sur salade de mâche

Adaptez ces brochettes à vos fromages préférés, en mariant toujours plusieurs saveurs différentes.

Facile | Pour **6 personnes** | Préparation **5 min** | Sans cuisson

Ingrédients

- 1 avocat
- Le jus de 1 citron
- 200 g de fromages divers : cantal, bleu d'Auvergne, boutons de culotte…
- 125 g de feuilles de mâche
- 1 échalote finement émincée
- 1 petite gousse d'ail finement hachée
- 2 c. à s. d'huile d'olive
- 2 c. à s. d'huile de noisette
- Sel, poivre du moulin

1. Coupez l'avocat en deux, retirez-en le noyau et pelez-le. Coupez-le en cubes et citronnez-les pour les empêcher de noircir.

2. Coupez les fromages en cubes et piquez-les sur des brochettes en bois, en les alternant avec les cubes d'avocat.

3. Lavez et essorez la mâche, puis mettez-la dans un saladier. Ajoutez l'échalote, l'ail, du sel et du poivre. Arrosez de 1 c. à s. de jus de citron, puis émulsionnez avec l'huile d'olive et l'huile de noisette.

4. Répartissez la salade dans 6 verres et déposez les brochettes sur le dessus avant de servir.

« Privilégiez la mâche nantaise, fraîche et craquante, qui bénéficie d'une IGP (Indication géographique protégée). »

Matelote d'anguille au muscadet

Venue tout droit du terroir breton, cette recette magnifie la saveur très fine de l'anguille.

Facile | Pour **6 personnes** | Préparation **10 min** | Cuisson **30 min**

Ingrédients

- 2 carottes
- 3 oignons
- 3 échalotes
- 3 gousses d'ail
- 1 l de muscadet
- 3 brins de thym
- 1 feuille de laurier
- 100 g de lardons nature
- 1,5 kg d'anguilles vidées, parées et coupées en tronçons par le poissonnier
- 25 g de beurre ramolli + 80 g de beurre en parcelles
- 2 c. à s. de farine
- Sel, poivre

1. Pelez et lavez les carottes, puis découpez-les en fines rondelles. Pelez les oignons, les échalotes et l'ail. Émincez-les finement.

2. Versez le vin blanc dans une cocotte. Ajoutez les carottes, les oignons, les échalotes, l'ail, le thym, le laurier et les lardons. Portez à frémissements à feu moyen. Laissez réduire 10 min à découvert.

3. Ajoutez les tronçons d'anguille et baissez le feu. Salez et poivrez. Laissez cuire le tout 20 min à petits frémissements. Transférez tous les ingrédients dans un plat creux à l'écumoire.

4. Mélangez le beurre ramolli et la farine. Ajoutez ce beurre manié au liquide de cuisson par petites quantités à la fois, en remuant vivement 5 min, puis incorporez le beurre en parcelles. Rectifiez l'assaisonnement, versez sur le contenu du plat et servez dans des assiettes creuses.

Le laurier

Le laurier est un **aromate** fondamental de la cuisine française. Ses **longues feuilles** vert foncé sont issues d'un arbuste très touffu (le laurier-sauce), qui peut atteindre plus de 10 m : autant dire qu'avec un seul laurier dans son jardin, on profite d'une provision inépuisable… Mais, attention, ne le confondez pas avec le laurier-rose, qui est toxique ! Les feuilles de laurier sont **très aromatiques,** n'en utilisez jamais plus de 2 ou 3 pour parfumer un **bouillon** entier. Elles s'ajoutent au début de la cuisson et doivent être retirées avant de servir. **Élément traditionnel du bouquet garni,** le laurier parfume également les **pommes de terre rôties,** mais aussi parfois certains desserts, comme le **riz au lait.** Séché puis réduit en poudre, il peut intégrer divers mélanges d'épices.

Julienne aux herbes et à la moutarde

Accompagnée de petits légumes, la julienne est ici intensément parfumée par les aromates qui la recouvrent.

Facile | Pour **6 personnes** | Préparation **20 min** | Cuisson **20 min**

Ingrédients

- 1 botte de carottes nouvelles
- 1 botte de navets nouveaux
- 200 g de haricots verts extrafins
- 200 g de petits pois frais écossés
- 6 filets de julienne (150 g chacun)
- 2 belles échalotes émincées
- 1 bouquet de persil plat ciselé
- 1 bouquet de cerfeuil ciselé
- 2 c. à s. d'estragon ciselé
- 2 c. à s. de graines de moutarde
- Huile d'olive extravierge
- Sel, poivre

1. Pelez et lavez les carottes et les navets, puis coupez-les en dés. Lavez, égouttez, puis effilez les haricots verts.

2. Faites cuire les carottes, les navets et les petits pois 20 min à l'eau bouillante salée, en ajoutant les haricots au bout de 10 min.

3. Pendant ce temps, salez et poivrez les filets de julienne. Déposez-les dans la partie supérieure d'un cuit-vapeur. Mélangez les échalotes et toutes les herbes avec les graines de moutarde et 2 c. à s. d'huile. Répartissez le tout en une couche uniforme sur les filets. Faites-les cuire 20 min à la vapeur.

4. Égouttez les légumes. Répartissez-les sur les assiettes de service et arrosez-les d'un filet d'huile d'olive. Déposez au centre les filets de julienne et servez très chaud.

La julienne

Également connue sous le nom de **lingue bleue**, la julienne est le prototype du **poisson blanc**, dont la chair nacrée est très fondante et garde une jolie texture après cuisson. Elle est généralement vendue **en filets**, qui présentent l'avantage d'être bien **épais**, et donc de rester moelleux à cœur. On peut les cuire à la vapeur ou les faire revenir, éventuellement après les avoir farinés. La chair de la julienne est également idéale pour préparer des terrines ou encore des **pains de poisson**. Comme tous les autres poissons blancs, la julienne est maigre, **peu calorique** (95 kcal/100 g) et riche en **phosphore**, en potassium, en magnésium et en vitamines du groupe B.

Filets de julienne à l'unilatérale

Servis avec des pâtes aux asperges et aux fruits de mer, ces pavés de julienne pimentés sont succulents !

Facile | Pour **4 personnes** | Préparation **10 min** | Cuisson **15 min**

Ingrédients

- 3 c. à s. d'huile d'olive extravierge
- 200 g d'anneaux de calmar
- 200 g de crevettes décortiquées
- 15 cl de vin blanc sec
- 200 g de pointes d'asperges vertes surgelées
- 300 g de pappardelle
- 4 pavés de julienne (150 g chacun) avec la peau
- 1 pincée de piment d'Espelette en poudre
- 3 ciboules émincées
- Le jus de 1 citron
- Sel, poivre

1. Faites chauffer 2 c. à s. d'huile d'olive dans une sauteuse à feu moyen. Mettez-y les calmars et les crevettes à sauter 5 min. Ajoutez le vin blanc et les asperges. Salez et poivrez. Portez le tout à frémissements et laissez cuire 10 min.

2. Pendant ce temps, faites cuire les pappardelle à l'eau bouillante salée selon les indications portées sur l'emballage pour les garder *al dente*.

3. Faites chauffer le reste d'huile dans une poêle à feu moyen. Mettez-y les pavés de julienne à cuire 10 min côté peau. Salez et poivrez.

4. Égouttez les pâtes. Mélangez-les au contenu de la sauteuse. Répartissez le tout sur les assiettes de service. Surmontez des pavés de julienne, peau dessus. Parsemez-les de piment et de ciboules. Arrosez-les de jus de citron et servez.

Filets de julienne au riso et cresson

Découvrez le riso et mariez-le avec bonheur aux savoureux filets de julienne.

Facile | Pour **4 personnes** | Préparation **20 min** | Cuisson **15 min**

Ingrédients

- 200 g de riso (petites pâtes en forme de grains de riz)
- 1 filet de julienne de 400 g environ
- 40 g de beurre
- 40 g de pignons de pin
- 2 c. à s. d'huile d'olive
- 1 petite botte de jeune cresson
- 2 c. à s. de raisins secs
- Jus de citron
- Sel, poivre

1. Faites cuire le riso à l'eau bouillante salée selon les instructions portées sur l'emballage.

2. Pendant ce temps, salez et poivrez le filet de julienne, puis poêlez-le dans le beurre chaud 5 min de chaque côté. Laissez légèrement tiédir.

3. Faites griller les pignons de pin 2 min à sec dans une poêle antiadhésive à feu vif. Lavez et essorez le cresson.

4. Égouttez le riso, puis mettez-le dans un plat creux. Ajoutez l'huile d'olive, les pignons de pin et les raisins secs. Salez, poivrez et mélangez.

5. Répartissez dans les assiettes, puis ajoutez la julienne détaillée en parcelles. Surmontez des feuilles de cresson, puis arrosez d'un filet de jus de citron juste avant de servir.

Quenelles de brochet sauce Nantua

La sauce Nantua est facile à préparer ; servez-la bien chaude sur les quenelles, avec un dôme de riz blanc.

Facile | Pour **4 personnes** | Préparation **25 min** | Cuisson **20 min**

Ingrédients

- 60 g de beurre
- 60 g de farine
- 75 cl de lait
- 80 g de beurre d'écrevisses
- 4 belles quenelles de brochet
- 2 c. à s. de crème fraîche
- 150 g de crevettes roses cuites, décortiquées
- Persil plat, pour décorer
- Sel, poivre du moulin

1. Dans une casserole, faites fondre le beurre à feu moyen. Ajoutez-y la farine en pluie, puis mélangez sur le feu.

2. Incorporez progressivement le lait, sans cesser de mélanger, puis ajoutez le beurre d'écrevisses, salez et poivrez. Baissez le feu au minimum, puis laissez mijoter 15 min, en mélangeant souvent.

3. Pendant ce temps, faites pocher les quenelles 15 min dans de l'eau légèrement frémissante (attention, elles vont gonfler).

4. Incorporez la crème fraîche dans la sauce, rectifiez l'assaisonnement. Ajoutez les crevettes, pour les réchauffer.

5. Égouttez délicatement les quenelles de brochet à l'écumoire, puis disposez-les dans un plat creux. Nappez-les généreusement de sauce Nantua, puis entourez-les des crevettes. Décorez de persil plat et servez aussitôt.

« Les quenelles sont une spécialité lyonnaise. Celles de brochet figurent parmi les plus savoureuses. »

Tournedos de lotte fondants

Ces « tournedos » sont servis avec une fine julienne de légumes, juste blanchie, pour conserver sa texture.

Facile | Pour **4 personnes** | Préparation **25 min** | Cuisson **12 min**

Ingrédients

– 2 belles carottes
– 1 jeune courgette
– ¼ de céleri-rave
– 8 médaillons de lotte ficelés en tournedos
– Farine
– 60 g de beurre
– 12 cl de bisque de homard
– 5 cl de crème liquide
– Sel, poivre

1. Pelez les carottes et taillez-les en fine julienne. Coupez également la courgette et le céleri-rave en julienne. Faites-les blanchir ensemble 4 min à l'eau bouillante salée, puis égouttez-les.

2. Salez et poivrez les médaillons de lotte, puis farinez-les des deux côtés. Faites fondre le beurre à feu doux dans une sauteuse, puis déposez-y les médaillons de lotte. Faites cuire à couvert, 3 min de chaque côté.

3. Pendant ce temps, faire réchauffer la bisque de homard dans une petite casserole, sans laisser bouillir. Délayez délicatement avec la crème liquide.

4. Faites réchauffer la julienne de légumes, puis répartissez-la dans les assiettes. Ajoutez un peu de sauce et déposez les médaillons de lotte sur le tout.

Brochettes de lotte au citron vert

Bien relevées de citron vert, d'ail et de paprika, les bouchées de lotte se font fondantes et parfumées.

Facile | Pour **4 personnes** | Préparation **25 min** | Cuisson **20 min**

Ingrédients

- 2 citrons verts + 1 pour servir
- 1 petite gousse d'ail finement hachée
- 1 c. à c. de paprika doux
- 5 c. à s. d'huile d'olive
- 1 kg de jeunes courgettes
- 1 kg de queue de lotte coupée en cubes
- Sel, poivre blanc

1. Râpez finement les zestes des citrons verts, puis pressez-les pour en recueillir le jus. Mélangez le zeste avec l'ail, la moitié du paprika et 3 c. à s. d'huile d'olive.

2. Ôtez les extrémités des courgettes et coupez-les en petits dés de 5 mm de côté environ. Faites-les sauter 5 min à feu moyen avec le reste d'huile d'olive, puis baissez le feu au minimum, couvrez et laissez mijoter 10 min.

3. Pendant ce temps, enfilez les cubes de lotte sur des brochettes en bois, sans trop les serrer. Badigeonnez-les au pinceau d'huile aromatisée, salez et poivrez. Faites cuire 1 à 2 min de chaque côté dans une grande poêle antiadhésive à feu vif.

4. Hors du feu, arrosez les brochettes de jus de citron vert et servez-les avec les courgettes saupoudrées du reste de paprika.

Rôti de lotte à la provençale

Ne prolongez pas la cuisson de la lotte, elle deviendrait caoutchouteuse. Après repos, elle est juste parfaite !

Facile | Pour **4 personnes** | Préparation **25 min** | Cuisson **35 min**

Ingrédients

- 2 c. à s. d'huile d'olive
- 3 échalotes émincées
- 3 gousses d'ail écrasées
- 500 g de tomates pelées, épépinées et concassées
- 1 queue de lotte de 1,4 kg environ, préparée par le poissonnier
- 150 g d'olives noires dénoyautées
- 15 cl de vin blanc sec
- Quelques brins de thym ou de sarriette
- Sel, poivre

1. Préchauffez le four à 180 °C (th. 6). Faites chauffer l'huile d'olive dans une casserole, puis mettez-y les échalotes et l'ail à suer 5 min à feu moyen. Ajoutez les tomates concassées, salez et poivrez. Laissez mijoter 10 min.

2. Pendant ce temps, ficelez la queue comme un rôti, en emprisonnant quelques olives noires sous la ficelle. Salez et poivrez généreusement de tous côtés.

3. Versez le contenu de la casserole dans un plat à four. Ajoutez-y le vin blanc et déposez la lotte par-dessus. Ajoutez le thym ou la sarriette, puis enfournez pour 20 min.

4. Au sortir du four, laissez reposer 5 min sous un papier d'aluminium avant de servir.

La lotte

La **baudroie** est un poisson de haute mer, vivant sur les fonds sableux à l'affût de ses proies, qu'elle avale subitement grâce à son **énorme mâchoire**, bien plus grosse que son corps. Ne cherchez pas, vous ne la verrez jamais : sa tête est supprimée après la pêche, et seul le corps est commercialisé, sous le nom de « **queue de lotte** ». C'est un poisson à part, car il ne possède **aucune arête**, mais une simple épine dorsale, qui se retire facilement après cuisson. Sa **chair très blanche,** finement nacrée, est très recherchée : certains la comparent à la langouste ! **Elle se cuisine comme une viande** plutôt que comme un poisson, en rôti ou en médaillons, même si la cuisson doit être rapide pour ne pas la dénaturer. Il s'agit également d'**un des poissons les plus maigres** : elle contient moins de 1 % de lipides. Mais elle est **relativement onéreuse** et réduit considérablement à la cuisson : prévoyez environ 350 g de lotte crue par personne. Enfin, ne la confondez pas avec la lotte de rivière, qui est un poisson proche du merlu (colin).

Conseils pratiques

• ACHAT

Achetez la queue de lotte bien blanche, éventuellement rose pâle : marbrée de jaune ou de rouge, elle a trop attendu sur l'étal ! Ne vous inquiétez pas de la mollesse de la chair, normale : elle se raffermira au cours de la cuisson. Le mois de mars marque le début de sa meilleure saison, jusqu'à fin septembre : elle est alors idéalement savoureuse, avec une chair très moelleuse.

• CONSERVATION

Ne faites pas attendre la chair de lotte avant de la cuisiner, car elle est fragile. Dans le pire des cas, conservez-la une nuit au réfrigérateur, enveloppée dans son emballage d'origine.

• JOUES DE LOTTE

Si vous avez la chance d'en trouver, n'hésitez pas à cuisiner les joues de lotte : bien nacrées, elles sont à la lotte ce que les sot-l'y-laisse sont au poulet, et souvent vendues moins cher que la lotte elle-même ! Faites-les revenir rapidement et parsemez-les de persillade citronnée juste avant de servir.

• CUISSON

La lotte ne doit pas trop cuire, car elle devient caoutchouteuse et perd de sa saveur. Pour une cuisson au four, en rôti, comptez 20 à 25 min, suivant sa taille. Les médaillons, eux, cuisent en à peine 5 à 6 min, idéalement farinés et juste poêlés au beurre.

Le + nutrition

Peu riche en lipides et donc peu calorique, la lotte reste néanmoins une excellente source de protéines. Elle regorge aussi de vitamines, notamment du groupe B, de minéraux ainsi que d'oligoéléments : iode, potassium, phosphore, sélénium… Elle favorise les fonctions cérébrales.

Pour 100 g
> 94 kcal
> Protéines : 20 g
> Lipides : 1 g
> Potassium : 472 mg
> Iode : 45 µg
> Vitamine B3 : 2,5 mg
> Vitamine B12 : 1 µg

Langue de bœuf sauce aux câpres

Servez le plat bien chaud, avec une purée de pommes de terre maison légèrement crémée.

Facile | Pour **6 personnes** | Préparation **30 min** | Dégorgement **30 mn** | Cuisson **3 h**

Ingrédients

- 1 langue de bœuf de 2 kg environ
- 2 c. à s. de vinaigre
- 1 bouquet garni (thym, laurier, persil)
- 2 carottes
- 1 oignon
- 3 clous de girofle
- 3 échalotes émincées
- 30 g de beurre
- 1 c. à s. de concentré de tomate
- 50 g de grosses câpres égouttées
- Sel, poivre

1. Faites dégorger la langue 30 min dans de l'eau vinaigrée, puis égouttez-la.

2. Pendant ce temps, portez à ébullition 3 l d'eau dans un faitout, avec le bouquet garni, les carottes, l'oignon clouté, du sel et du poivre. Laissez cuire 45 min.

3. Égouttez soigneusement la langue et faites-la blanchir 5 min à l'eau bouillante salée. Égouttez-la, laissez légèrement tiédir, puis tirez délicatement sur la peau pour l'ôter. Supprimez également les amas graisseux.

4. Déposez la langue ainsi parée dans le bouillon. Laissez-la cuire environ 2 h à frémissements : elle doit être fondante. Laissez tiédir dans le bouillon.

5. Faites suer les échalotes 5 min avec le beurre dans une casserole à feu moyen. Ajoutez 30 cl de bouillon de cuisson, les carottes récupérées et coupées en morceaux ainsi que le concentré de tomate. Laissez frémir 10 min.

6. Mixez cette sauce, puis ajoutez-y les câpres et laissez frémir encore 3 min. Coupez la langue en tranches, déposez ceux-ci dans un plat creux et arrosez-les de sauce. Servez immédiatement.

La langue de bœuf

Abat parfois décrié, la langue de bœuf est pourtant un morceau goûteux, à la **texture fondante**, simple à préparer. Elle est néanmoins assez **grasse** et plus calorique (**220 kcal/100 g**) que les autres abats. Après avoir été dégorgée dans de l'eau vinaigrée, elle se fait **de préférence cuire en deux fois** : on la fait d'abord blanchir, pour pouvoir la peler, avant de procéder à la cuisson réelle. Elle est souvent servie avec une **sauce épicée à la tomate**, généralement pimentée ou relevée d'ingrédients acides (**cornichons**, câpres), qui se marient bien à sa texture et à sa saveur. On peut aussi la cuisiner aux oignons, en mijoté, ou la faire bouillir avec des légumes à la manière d'un **pot-au-feu.** Ses **restes froids, coupés en lamelles**, forment une salade de choix.

Faux-filet de bœuf aux légumes nouveaux

Les petits légumes primeurs commencent à garnir les étals : le tendre faux-filet les attendait impatiemment !

Facile | Pour **4 personnes** | Préparation **15 min** | Cuisson **25 min**

Ingrédients

- 1 botte de carottes nouvelles
- 8 pommes de terre nouvelles
- 150 g de petits pois mange-tout
- 3 c. à s. d'huile de tournesol
- 4 petits navets nouveaux (2 jaunes et 2 blancs) coupés en dés
- 1 oignon émincé
- 2 belles tomates coupées en dés
- 20 cl de bouillon de bœuf
- 50 g de beurre demi-sel en parcelles
- 4 tranches de faux-filet (150 g chacune)
- Sel, poivre

1. Lavez les carottes et les pommes de terre sans les peler. Conservez 2 cm des fanes des carottes. Coupez les pommes de terre en morceaux. Rincez les petits pois. Pincez-les pour les ouvrir. Faites cuire le tout 10 à 15 min à la vapeur.

2. Pendant ce temps, faites chauffer 2 c. à s. d'huile dans une sauteuse à feu moyen. Mettez-y l'oignon à suer 5 min, en remuant. Ajoutez les navets et les tomates. Faites revenir 5 min. Mouillez du bouillon, faites réduire 5 min et incorporez le beurre.

3. Faites chauffer le reste d'huile dans une poêle à feu vif et mettez-y la viande à dorer 3 à 5 min de chaque côté. Salez et poivrez.

4. Servez les faux-filets à l'assiette, sur les légumes, puis nappez-les du contenu de la sauteuse.

Filet de bœuf grillé au poivre vert

Servez ces tendres tournedos bardés de lard fumé avec une purée persillée et des haricots verts vapeur.

Facile | Pour **4 personnes** | Préparation **10 min** | Cuisson **10 min**

Ingrédients

- 4 tournedos de 2 cm d'épaisseur (150 g chacun)
- 8 fines tranches de lard maigre fumé de 2 cm de large
- 2 c. à s. d'huile de tournesol
- 15 cl de vin blanc sec
- 1 c. à s. de baies roses grossièrement concassées
- 4 grappes de poivre vert frais (ou 4 c. à s. de poivre vert en saumure égoutté)
- 80 g de beurre
- Le jus de ½ citron
- Sel

1. Bardez chaque tournedos de 2 tranches de lard. Ficelez-les sans trop serrer. Huilez-les au pinceau des deux côtés.

2. Faites chauffer un gril en fonte cannelé à rebord à feu vif. Mettez-y les tournedos à revenir 2 à 3 min de chaque côté. Salez-les, puis transférez-les dans des assiettes chaudes et couvrez-les d'aluminium.

3. Déglacez le gril avec le vin blanc, en le grattant à la spatule. Ajoutez les baies roses, le poivre et le beurre. Salez et laissez réduire 5 min, en remuant.

4. Retirez l'aluminium qui maintient les tournedos au chaud, puis nappez-les de sauce au poivre vert et de jus de citron. Servez immédiatement.

Andouillettes grillées, pommes sautées

Servez ces andouillettes avec une tombée de moutarde bien forte et des petites tomates confites au four.

Facile | Pour **4 personnes** | Préparation **20 min** | Cuisson **20 min**

Ingrédients

- 900 g de pommes de terre nouvelles
- 4 c. à s. d'huile de tournesol
- 4 belles andouillettes
- 1 gousse d'ail finement hachée
- 1 c. à s. de persil plat ciselé
- 1 c. à s. de ciboulette ciselée
- Sel, fleur de sel, poivre du moulin

1. Pelez les pommes de terre, coupez-les en fines lamelles avec une mandoline, puis lavez-les sous l'eau courante et séchez-les délicatement.

2. Faites chauffer l'huile de tournesol dans une sauteuse. Mettez-y les lamelles de pomme de terre à sauter 20 min environ à feu moyen, en remuant régulièrement.

3. Pendant ce temps, piquez les andouillettes avec une fourchette, puis faites-les griller 15 min environ dans une poêle antiadhésive à feu moyen, en les tournant régulièrement.

4. 5 min avant la fin de la cuisson des pommes de terre, ajoutez l'ail, puis salez et poivrez. Servez les andouillettes avec les pommes sautées, le tout parsemé de fleur de sel, de persil et de ciboulette.

Andouillettes flambées au cognac

Les andouillettes sont ici bien mises en valeur par le flambage au cognac et la sauce tomate épaisse.

Facile | Pour **4 personnes** | Préparation **25 min** | Cuisson **1 h**

Ingrédients
- 50 g de beurre
- 2 oignons hachés
- 2 gousses d'ail écrasées
- 800 g de tomates pelées, épépinées et concassées
- 4 belles andouillettes
- 6 cl de cognac
- Sel, poivre

1. Faites fondre le beurre dans une casserole. Mettez-y les oignons et l'ail à suer 10 min à feu doux. Ajoutez les tomates concassées, mélangez, puis ajoutez 5 cl d'eau. Salez et poivrez, et portez à frémissements. Laissez mijoter 30 min à couvert.

2. Piquez les andouillettes avec une fourchette. Faites-les griller 15 min environ dans une grande poêle antiadhésive à feu moyen, en les tournant régulièrement.

3. Hors du feu, arrosez-les de cognac et flambez immédiatement, avec précaution, en remuant bien la poêle pour imbiber les andouillettes.

4. Remettez sur le feu et nappez de sauce tomate. Laissez mijoter encore 2 min avant de servir.

L'andouillette

Si la composition de cette charcuterie était jadis peu réglementée, l'andouillette est aujourd'hui préparée à base de **tripes de porc,** auxquelles on peut adjoindre de la **panse de veau** (surtout dans les andouillettes de Cambrai et de Lyon). Préparée « à la ficelle », sa farce est coupée en longues lanières, puis embossées dans un **boyau naturel :** ce sont les plus savoureuses. Sauf mention explicite, l'andouillette est déjà cuite au moment de l'achat, il s'agit donc de simplement la réchauffer avant de la consommer. Elle est excellente grillée, notamment au barbecue, accompagnée avec des pommes de terre (frites, sautées…). **Grillée,** elle s'accommode traditionnellement de **moutarde** forte ou à l'ancienne, mais s'accorde également avec des garnitures plus gastronomiques : lentilles, chou rouge, purée de céleri-rave… On peut aussi la faire mijoter au vin, notamment pour la servir avec une purée. Elle est bien sûr **calorique,** mais, grillée, elle reste acceptable dans le cadre d'une alimentation équilibrée.

Conseils pratiques

• VARIÉTÉS

Plusieurs terroirs français sont attachés à leur recette d'andouillette : la plus célèbre reste l'andouillette de Troyes, mais vous trouverez également celles du Périgord, de Cambrai, de Lyon, la rouennaise, voire la provençale…

• AAAAA

Une association portant un nom évocateur, l'AAAAA (Association amicale des amateurs d'andouillette authentique), veille de près à la qualité de l'andouillette depuis une dizaine d'années : elle décerne un label, fièrement affiché par les charcutiers qui le reçoivent. Vous pouvez vous y fier les yeux fermés !

• DE TROYES

L'andouillette de Troyes est exclusivement préparée à partir de chaudins complets (gros intestin du porc, représentant au moins 50 % du produit) et d'estomacs de porc, émincés en lanières et pochés. Seuls la ville de Troyes, l'Aube et les cantons limitrophes sont autorisés à la produire.

• CUISSON

Piquez l'andouillette avant de la cuire, particulièrement au barbecue, pour la laisser exsuder ses graisses. Menez la cuisson à feu doux, pour éviter qu'elle n'éclate. Vous pouvez la cuire à l'étouffée à four tiède, dans du papier d'aluminium, 25 min.

Le + nutrition

L'andouillette est plus grasse que la plupart des viandes, mais plutôt moins que les autres charcuteries, surtout quand elle est grillée. Elle contient cependant beaucoup de cholestérol et énormément de sodium. Riche en protéines, elle l'est surtout en fer.

Pour 100 g

> 303 kcal

> Protéines : 24 g

> Lipides : 22 g
dont 11 g d'acides gras saturés

> Fer : 2,3 mg

> Sodium : 1 090 mg

Le foie

Abat parmi les plus prisés, le foie est le seul qui soit **cuisiné comme une viande rouge**, cuit rapidement. Le **foie de veau** est le plus réputé : particulièrement fin, il a une saveur bien présente mais pas entêtante et une texture très fondante. On le trouve coupé en fins steaks, notamment du fait de son prix : c'est l'un des morceaux du veau **les plus onéreux**. Le foie d'agneau et celui de **génisse** (jeune vache) peuvent le remplacer : moins fins, ils sont surtout beaucoup moins chers. Le foie de bœuf est le moins savoureux de tous ; il se cuit coupé en dés, sautés au beurre. Il demande à être **relevé d'aromates** (ail, persil) et peut être flambé en fin de préparation. Le foie de porc est généralement réservé aux terrines et aux pâtés : **pâté de foie**, de campagne… Les **foies de volaille**, enfin, agrémentent très bien les salades : faites-les simplement poêler 2 à 3 min à feu vif, pour les laisser légèrement roser. Les foies se consomment exclusivement cuits, sauf à prendre le risque de certaines affections liées à la présence de parasites.

Conseils pratiques

• ACHAT

Un foie cru n'est jamais très appétissant, mais apprenez quand même à reconnaître les mauvais signes : il doit être rosé à rouge vif, jamais brun et surtout pas avec des traces jaunies ou verdâtres, signes d'oxydation. Évitez également les foies racornis ou plissés.

• CONSERVATION

Acheté en tranches, le foie se conserve mal : n'excédez pas 24 h au réfrigérateur. En revanche, il se congèle très bien. Pour les grandes tablées, un foie entier, non paré, peut, lui, se conserver, bien emballé, 4 à 5 jours au réfrigérateur.

• PRÉPARATION

Le foie de veau s'achète généralement prêt à l'emploi, mais il vaut mieux le parer soi-même si on l'achète à l'avance (plus de 24 h). Posé à plat sur un plan de travail, il faut alors décoller les deux peaux successives, la seconde étant très adhérente à la chair. Ôtez les veines visibles en surface, avant de trancher le foie.

• CUISSON

Vous pouvez entourer votre morceau de foie de veau de crépine de porc, pour le préserver de la chaleur de la poêle. Faites-le cuire rapidement au beurre, à feu moyen : la chair doit rester rosée à cœur.

Le + nutrition

Le foie est une viande maigre, surtout s'il est cuit sans matière grasse… Il est particulièrement riche en protéines et surtout exceptionnellement doté en vitamine A ainsi qu'en fer, entièrement assimilable par l'organisme (alors que celui des végétaux l'est très peu) : il est idéal en cas d'anémie passagère. Il peut cependant accumuler des métaux lourds, surtout chez les animaux âgés.

Pour 100 g
- > 159 kcal
- > Protéines : 22 g
- > Lipides : 6 g
- > Fer : 5,7 mg
- > Vitamine A : 12 500 µg

Foie de veau poêlé aux légumes

Servies rosées sur les légumes fondants, les tranches de foie de veau révèlent leur délicatesse.

Facile | Pour **4 personnes** | Préparation **20 min** | Cuisson **20 min**

Ingrédients

- 2 carottes
- 1 fenouil
- 1 poivron orange
- 1 belle botte d'oignons nouveaux
- 3 gousses d'ail
- 1 c. à s. d'huile de tournesol
- 70 g de beurre
- 4 brins de thym
- 4 belles tranches de foie de veau
- Sel, poivre

1. Pelez les carottes et émincez-les en julienne. Coupez la base du fenouil et coupez-le en fines lamelles. Retirez le pédoncule du poivron, puis épépinez-le et coupez-le en lanières. Émincez la queue des oignons et ôtez la première peau de leur bulbe. Pelez et émincez les gousses d'ail.

2. Dans une sauteuse, faites chauffer l'huile avec 30 g de beurre. Ajoutez les carottes et le fenouil, et faites sauter le tout 5 min. Ajoutez les lanières de poivron, l'ail et le thym, et faites sauter 10 min à feu moyen, en mélangeant régulièrement.

3. Salez et poivrez les tranches de foie de veau. Faites-les revenir avec le reste de beurre 3 min de chaque côté dans une poêle à feu moyen.

4. Répartissez la poêlée dans les assiettes, puis surmontez des tranches de foie de veau. Servez immédiatement.

« Choisissez votre foie de veau rosé à rouge vif, jamais brun et surtout sans traces jaunies ou verdâtres, signes d'oxydation. »

Gigot d'agneau à l'ail

Pour un gigot très savoureux, la cuisson doit commencer à four bien chaud, avant une phase de repos.

Facile | Pour **6 personnes** | Préparation **20 min** | Cuisson **35 min** | Repos **15 min**

Ingrédients
- 1 tête d'ail + 2 gousses
- 1 gigot raccourci de 1,4 kg environ
- 2 c. à s. d'huile d'olive
- 3 feuilles de laurier
- 3 branches de thym
- Sel, poivre

1. Préchauffez le four à 240 °C (th. 8). Coupez la tête d'ail en deux dans l'épaisseur, sans la peler (ôtez simplement les couches de peau qui partent d'elles-mêmes).

2. Pelez les autres gousses d'ail, dégermez-les et taillez-les en éclats. Pratiquez des incisions dans le gigot et enfoncez-y les éclats d'ail.

3. Déposez le gigot dans un plat à four légèrement huilé et ajoutez les demi-têtes d'ail de chaque côté, face coupée dessous. Ajoutez le laurier et le thym, salez et poivrez. Arrosez du restant d'huile d'olive et enfournez pour 15 min.

4. Baissez le four à 180 °C (th. 6) et prolongez la cuisson 20 min. Laissez reposer dans le four éteint 15 min avant de servir, avec des petites pommes de terre nouvelles.

Côtes d'agneau au romarin

Accompagnées de fèves et de petits pois, les côtes d'agneau augurent délicieusement du printemps naissant.

Facile | Pour **4 personnes** | Macération **1 h** | Préparation **20 min** | Cuisson **25 min**

Ingrédients

- Huile d'olive
- 8 côtes d'agneau
- Les aiguilles de 1 branche de romarin
- 400 g de jeunes fèves
- 400 g de petits pois
- 40 g de beurre
- 2 oignons nouveaux émincés
- 1 belle carotte coupée en très petits dés
- 1 c. à s. de feuilles de sarriette
- Sel, poivre

1. Huilez les côtes d'agneau au pinceau, puis parsemez-les de romarin sur les deux faces. Laissez macérer ainsi 1 h.

2. Écossez les fèves et les petits pois. Faites blanchir les fèves 5 min à l'eau bouillante salée. Égouttez-les, puis « dérobez »-les en les pinçant entre le pouce et l'index.

3. Faites chauffer le beurre et 1 c. à s. d'huile dans une sauteuse à feu moyen. Mettez-y oignons et carotte à revenir 5 min, en remuant. Incorporez les fèves, les petits pois, la sarriette, du sel, du poivre et 2 à 3 c. à s. d'eau. Couvrez, puis laissez mijoter 10 à 15 min.

4. Faites chauffer une poêle antiadhésive à feu vif. Mettez-y les côtes d'agneau à griller 3 à 4 min de chaque côté. Salez et poivrez. Servez aussitôt, sur les légumes.

Carré d'agneau de pré-salé aux légumes de printemps

Pièce du boucher prestigieuse, le carré d'agneau donne une viande particulièrement savoureuse et fondante.

Facile | Pour **4 personnes** | Préparation **30 min** | Cuisson **45 min**

Ingrédients
- 1 carré d'agneau de lait préparé
- Huile d'olive
- 1 oignon émincé
- 500 g de petites carottes pelées
- 500 g de petits pois écossés
- 400 g de pois gourmands
- 1 c. à c. de thym effeuillé
- Sel, fleur de sel, poivre du moulin

1. Demandez à votre boucher un carré d'agneau de 8 côtes (4 côtes premières et 4 secondes), aux manches dégagés, l'os simplement sectionné entre les côtes.

2. Faites chauffer 1 c. à s. d'huile dans un faitout. Mettez-y l'oignon à suer 2 min à feu moyen. Ajoutez les carottes, les petits pois et les pois gourmands, et couvrez de 1 l d'eau. Salez et poivrez, couvrez et laissez mijoter 45 min.

3. Pendant ce temps, préchauffez le four à 220 °C (th. 7-8). Déposez le carré d'agneau dans un plat à four, arrosez-le de 1 c. à s. d'huile d'olive, salez et poivrez, et parsemez de thym. Enfournez pour 20 min.

4. Laissez reposer le carré 10 min dans le four éteint, pour permettre à la chair de se détendre. En fin de cuisson des légumes, découvrez pour faire réduire l'eau de cuisson.

5. Servez le carré sur les légumes, parsemé de fleur de sel.

« L'agneau de pré-salé est élevé sur les pâturages baignés par les embruns, le long de la côte Atlantique. Sa chair délicate au grain très fin est particulièrement prisée. »

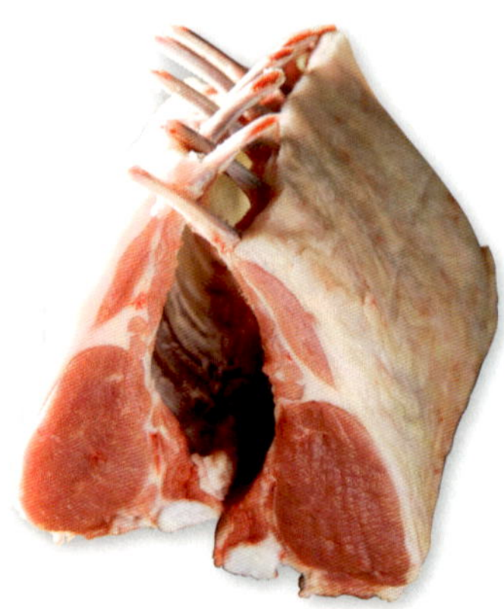

Roulades de ricotta aux pousses d'épinards

Servez ces roulades tièdes, avec une salade de roquette et d'échalotes assaisonnée à l'huile d'olive.

Facile | Pour **6 personnes** | Préparation **40 min** | Réfrigération **1 h** | Cuisson **50 min**

Ingrédients

- 300 g de farine + un peu pour le plan de travail
- 5 œufs
- 500 g de pousses d'épinards
- 30 g de beurre
- 1 gousse d'ail écrasée
- 200 g de ricotta
- 150 g de parmesan râpé
- 3 pincées de noix muscade râpée
- Sel, poivre du moulin

1. Versez la farine dans le bol d'un mixeur. Ajoutez 3 œufs et 1 pincée de sel. Actionnez par à-coups jusqu'à obtenir une pâte homogène et non collante. Pétrissez celle-ci à la main 1 min pour l'assouplir. Enveloppez-la d'un film alimentaire et réservez-la 1 h au frais.

2. Lavez les épinards, puis faites-les suer 5 min à la poêle dans le beurre avec l'ail écrasé, du sel et du poivre. Hachez au couteau.

3. Étalez la pâte au rouleau sur un plan de travail fariné en un rectangle de 2 mm d'épaisseur. Dans une jatte, mélangez la ricotta, le parmesan, du poivre, la muscade, les épinards et les deux œufs restants. Étalez cette préparation sur la pâte et roulez-la sur elle-même en un gros rouleau.

4. Enveloppez la roulade de mousseline et faites-la cuire 45 min à la vapeur. Laissez légèrement tiédir avant de découper en tranches.

Les jeunes pousses

Le **printemps** venu, l'envie de fraîcheur et le **besoin de vitamines** se font sentir… C'est le moment de profiter des jeunes pousses, ces **petites feuilles immatures** que l'on regroupe trop vite sous le terme de « **mesclun** » quand elles sont associées à diverses salades. Contrairement aux graines germées, qui sont récoltées au stade du germe (ou parfois avec leurs deux premières feuilles, voir p. 13), les pousses doivent réellement **avoir été plantées** avant d'être récoltées : en effet, s'il suffit de coton et d'un peu d'eau pour faire germer des graines ; de la terre, de la **lumière** et… de l'espace sont nécessaires pour qu'elles se développent. Cueillies avant maturité, les feuilles sont alors **très tendres** et gorgées de nutriments. On consomme ainsi, **crues et sans préparation**, des plantes qui, récoltées plus tard, devront être cuites (épinards), auront une saveur plus corsée (roquette), voire ne seront plus consommées (pousses de betterave).

Conseils pratiques

• VARIÉTÉS

Pousses d'épinards : avec la saveur fine des épinards, à consommer crues ou cuites.
Roquette : poussant en motte dans les pays méditerranéens, elle a envahi nos cuisines ces quinze dernières années.
Mâche : le printemps est sa meilleure saison, c'est là qu'elle est fraîche et légère.
Cresson : achetez-le en botte serrée et nettoyez-le bien.
Pourpier : feuilles duveteuses, très savoureuses. Il est à la base du régime crétois.
Arroche : aussi appelée « épinards des montagnes », rouge ou verte. Très riche en vitamine C.
Mizuna : il s'agit d'une sorte de roquette d'origine japonaise, aux feuilles plus fines et plus dentelées.
Pousses de betterave : très goûteuses… et très belles, avec leur côte rouge vif.

• ACHAT

Achetez-les très fraîches, plutôt à un maraîcher qu'en grande surface, et de préférence tôt le matin : elles flétrissent très rapidement, la simple chaleur du jour peut suffire à les gâter.

• UTILISATION

Assaisonnez-les subtilement, en privilégiant les échalotes ou les oignons rouges, les vinaigres doux (vinaigre de cidre) et une huile d'olive fruitée. Le jus de citron leur convient bien, à condition de ne pas forcer la dose. Mariez-les à la tomate et aux herbes aromatiques : ciboulette, coriandre…

Le + nutrition

Les jeunes pousses sont souvent riches en vitamines C et E, en bêta-carotène, en fer, en magnésium ou en potassium. Certaines (dont le pourpier) présentent un taux intéressant d'acides gras oméga-3, très bénéfiques au système cardio-vasculaire. À savoir aussi : plus elles sont jeunes, moins elles contiennent de fibres.

Pour 100 g de pousses d'épinards
> 15 kcal
> Vitamine C : 48 mg
> Vitamine E : 2 mg
> Bêta-carotène : 4 600 µg
> Fer : 3,5 mg
> Magnésium : 65 mg

Brochettes de grenailles à l'ail rose

Un parfum d'été flotte sur ces brochettes, à servir avec un gigot d'agneau ou une côte de bœuf.

Facile | Pour **4 personnes** | Préparation **20 min** | Cuisson **30 min**

Ingrédients

– 800 g de pommes de terre grenailles
– 1 tête d'ail rose
– Huile d'olive
– Quelques feuilles de laurier
– 8 filets d'anchois à l'huile
– Sel, poivre du moulin

1. Lavez soigneusement les pommes de terre sans les peler, puis faites-les cuire 10 min à l'eau bouillante salée. Égouttez-les.

2. Préchauffez le four à 220 °C (th. 7/8). Séparez les gousses d'ail, sans les peler. Piquez les pommes de terre sur des brochettes en bois, en les alternant avec des gousses d'ail.

3. Disposez les brochettes sur une plaque, puis nappez-les d'un filet d'huile d'olive. Salez et poivrez, puis ajoutez les feuilles de laurier. Enfournez pour 20 min, en retournant souvent les brochettes.

4. Ajoutez les filets d'anchois égouttés au bout des brochettes juste avant de servir.

Pommes de terre au citron et au cumin

Bien fondantes, les pommes de terre sont gorgées du parfum des épices : servez-les avec des côtelettes.

Facile | Pour **4 personnes** | Préparation **25 min** | Cuisson **20 min**

Ingrédients

- 800 g de pommes de terre nouvelles
- 2 c. à s. de jus de citron
- 1 c. à c. de curcuma
- 1 c. à c. de graines de cumin
- 2 citrons confits
- 4 c. à s. d'huile d'olive
- 120 g d'olives noires
- Persil plat pour décorer
- Sel, poivre

1. Pelez les pommes de terre, puis coupez-les en lamelles pas trop fines. Portez à frémissements une casserole d'eau salée, ajoutez le jus de citron, le curcuma et la moitié du cumin, puis plongez-y les pommes de terre. Laissez cuire 20 min.

2. Pendant ce temps, coupez les citrons confits en quatre, épépinez-les et recoupez-les en fines lamelles. Faites chauffer l'huile d'olive dans une casserole à feu moyen et mettez-y les lamelles de citron confit à suer 5 min à feu doux.

3. Ajoutez les olives noires et mélangez le tout délicatement. Égouttez bien les pommes de terre, mettez-les dans un plat creux et ajoutez le contenu de la casserole.

4. Servez immédiatement, parsemé du reste de cumin et décoré de persil plat.

Cocotte de pommes de terre au romarin

À la fois dorées et fondantes, les pommes de terre nouvelles ont pris le parfum des herbes et de l'ail rose.

Facile | Pour **6 personnes** | Préparation **20 min** | Cuisson **40 min**

Ingrédients
- 1,5 kg de petites pommes de terre nouvelles
- 1 botte de petits oignons blancs nouveaux
- 4 c. à s. d'huile d'olive
- 2 branches de romarin
- 3 feuilles de laurier
- 4 gousses d'ail rose
- Fleur de sel, poivre du moulin

1. Lavez les pommes de terre sous l'eau courante sans les peler. Ôtez la première peau des oignons et coupez-les en deux.

2. Faites chauffer l'huile d'olive dans une cocotte. Mettez-y les pommes de terre à sauter 5 min à feu vif, en mélangeant régulièrement.

3. Ajoutez les oignons et baissez à feu moyen. Faites sauter ensemble 5 min, puis baissez le feu au minimum et ajoutez le romarin, le laurier ainsi que les gousses d'ail entières, non pelées.

4. Salez et poivrez généreusement, puis couvrez et laissez cuire 30 min à feu doux, en remuant de temps en temps.

Pommes de terre farcies à la ciboulette

Cuites au four, puis garnies de crème à la ciboulette, ces pommes de terre sont parfaites avec de l'agneau.

Facile | Pour **4 personnes** | Préparation **25 min** | Cuisson **45 min**

Ingrédients

- 12 pommes de terre nouvelles de même calibre
- 40 g de beurre ramolli
- 10 cl de crème fraîche
- 2 œufs battus
- ½ botte de ciboulette ciselée + quelques brins pour décorer
- Sel, poivre

1. Préchauffez le four à 210 °C (th. 7). Lavez les pommes de terre sans les peler. Piquez-les à la fourchette, puis enveloppez-les une par une de papier d'aluminium. Enfournez-les pour 25 à 30 min selon leur grosseur : vérifiez la cuisson de la pointe d'un couteau.

2. Retirez-les du four sans l'éteindre. Sortez-les de l'aluminium et coupez-les en deux. Prélevez-en la pulpe à la cuillère sans percer la peau.

3. Dans une jatte, mélangez la pulpe prélevée avec le beurre, la crème, les œufs, la ciboulette, du sel et du poivre. Répartissez la préparation dans les pommes de terre évidées.

4. Déposez-les côte à côte dans un plat à four, en les serrant légèrement pour les tenir debout. Enfournez pour 15 min. Servez chaud, décoré de brins de ciboulette.

Salade de céleri branche à la feta

Cette salade aux textures et saveurs contrastées accompagnera délicieusement des andouillettes grillées.

Facile | Pour **4 personnes** | Préparation **20 min** | Sans cuisson

Ingrédients

- 8 branches de céleri à feuilles jaunes (prélevées au centre de la botte)
- 200 g de feta
- 2 c. à s. de graines de sésame
- 1 c. à s. de moutarde à l'ancienne
- 2 c. à s. de vinaigre de xérès
- 4 c. à s. d'huile de tournesol
- 2 c. à s. d'huile de sésame
- Sel, poivre

1. Lavez et séchez les branches de céleri. Prélevez-en les feuilles. Réservez 4 sommités pour décorer et ciselez grossièrement le reste. Effilez soigneusement les tiges. Coupez-les en petits tronçons.

2. Coupez la feta en dés. Mélangez-les dans un saladier avec les graines de sésame.

3. Dans un bol, mélangez la moutarde avec le vinaigre, du sel et du poivre, et émulsionnez avec les deux huiles, en fouettant. Rectifiez l'assaisonnement si nécessaire.

4. Ajoutez les tronçons et les feuilles de céleri ciselées au contenu du saladier. Arrosez le tout de vinaigrette. Mélangez bien. Répartissez dans 4 coupelles de service. Décorez des sommités de céleri et servez.

« Les feuilles et l'extrémité des tiges du céleri branche peuvent être utilisées comme des herbes, ainsi que les tiges jaunes logées au centre de la botte. »

Le céleri branche

Issu de la même plante sauvage que le céleri-rave (voir p. 18 du volume de novembre), le céleri branche n'existe pas dans la nature : il a été cultivé et optimisé pour ses **belles tiges charnues.** Déjà apprécié des Romains, il est aujourd'hui utilisé comme aromate autant que comme légume, car il présente une **saveur très prononcée**, qui se diffuse largement dans les plats auxquels il est ajouté. **Utilisez-le avec discernement**, afin de ne pas masquer les saveurs des autres ingrédients : une petite branche suffira largement à parfumer un pot-au-feu ou le bouillon d'une blanquette ! De manière générale, les feuilles et l'extrémité des tiges sont utilisées **comme des herbes**, ainsi que les tiges jaunes logées au centre de la botte : ciselez-les dans une salade ou sur une viande grillée. Les tiges elles-mêmes s'emploient comme légume, servies crues dans une salade, ou cuites à l'eau ou à la vapeur, avant d'être gratinées. Le céleri branche peut aussi bien intégrer une **purée de pommes de terre**, qu'il corsera joliment. C'est également un ingrédient incontournable des **soupes de légumes**, auxquelles il donne beaucoup de saveur.

Conseils pratiques

• ACHAT

Il existe 2 variétés principales de céleri branche, à tiges vertes ou tiges blanches (céleri doré). Choisissez-les quoi qu'il en soit aux tiges fermes et cassantes, avec des feuilles bien vertes et pas racornies.

• CONSERVATION

Les tiges se conservent assez longuement au réfrigérateur, une fois lavées et séchées, puis liées en botte : au moins 15 jours. Les feuilles sont plus fragiles ; coupez-les et utilisez-les à part, soit rapidement, soit en les congelant : vous en prendrez ainsi au fur et à mesure de vos besoins, sans décongélation.

• PRÉPARATION

Le céleri branche est un légume très ancien, qui a peu évolué : contrairement aux haricots verts, dont les variétés nouvelles ne nécessitent plus d'être effilées, il contient souvent de nombreux fils. Cassez les tiges en deux et tirez dessus délicatement pour les supprimer.

• CUISSON

Plus les tiges sont épaisses, plus elles mettront de temps à cuire : comptez 20 min à l'eau bouillante salée ou à la vapeur pour les plus épaisses. Si vous l'utilisez dans une soupe mixée, il vaudra mieux passer celle-ci au chinois avant de la servir, pour éviter le côté fibreux.

Le + nutrition

Il est tellement peu calorique que vous pouvez en grignoter toute la journée, sans remords ! Il est de plus riche en fibres stimulant le transit, surtout quand il est consommé cru. Il est également bien doté en vitamines C et B9, ainsi qu'en calcium et en bêta-carotène.

Pour 100 g
> 12 kcal
> Glucides : 1,9 g
> Vitamine C : 7 mg
> Vitamine B9 : 70 µg
> Calcium : 48 mg
> Fibres : 2 g

Le champignon de Paris

On l'appelle toujours « champignon de Paris », mais il n'est plus du tout cultivé à Paris (la majorité provient de Chine), son nom officiel étant d'ailleurs désormais « **champignon de couche** ». C'est que le champignon de Paris occupe une place unique dans notre imaginaire culinaire collectif : c'est **le seul cultivé à grande échelle.** Bien sûr, il n'atteint pas la noblesse des cèpes ou girolles de l'automne, mais il n'a jamais été considéré comme un sous-champignon, toujours remis au goût du jour par les restaurants. Il faut dire qu'il est indémodable, avec **sa tête bien bombée et son pied charnu** : cru, il se mêle aux salades et autres crudités ; cuit, il accompagne viandes et poissons, sauté ou braisé ; vous pouvez aussi le **farcir**, en déposant la farce dans son chapeau retourné avant de le cuire au four ; il donne également des **veloutés** savoureux. Enfin, finement haché et cuit avec des échalotes, il fournit la **duxelles**, à la base de nombreuses recettes traditionnelles.

Conseils pratiques

• ACHAT

Les champignons de Paris doivent être blancs (ils sont cultivés à l'abri de la lumière dans ce but), garantissant une chair nacrée et bien fondante. Sauf pour les farcir, privilégiez les petits champignons.

• CONSERVES ET SURGELÉS

Les champignons de Paris en boîte, au naturel, sont pratiques et savoureux, mais préférez-les entiers, et non en morceaux. Faites-les revenir doucement et assez longuement, pour les laisser dégorger. Vous trouverez des champignons de Paris surgelés « boutons » (tout petits, entiers) : c'est une merveille !

• PRÉPARATION

Les petits champignons de Paris ne nécessitent aucune préparation, sinon de couper leur éventuel pied terreux. Les gros peuvent en revanche être pelés : ôtez le pied, puis détachez délicatement la peau bande par bande, en partant de sous la collerette jusqu'au centre du chapeau.

• CUISSON

Faites-les de préférence revenir au beurre, à feu assez vif : ils doivent d'abord rendre leur eau de végétation, puis la réabsorber, avant de commencer à dorer. Mélangez souvent sans laisser brunir, surtout en fin de cuisson.

Le + nutrition

Le champignon de Paris est très peu calorique, mais on le prépare souvent avec moult beurre et crème fraîche… Élevé en cave et à l'abri de la lumière, il est peu riche en nutriments, sinon en phosphore et en potassium. Mais il est source de vitamine C et riche en fibres.

Pour 100 g
> 20 kcal
> Protéines : 2 g
> Phosphore : 69 mg
> Potassium : 116 mg
> Vitamine C : 2 mg
> Fibre : 2,5 g

Champignons de Paris farcis au fromage

Brousse, parmesan et mozzarella garnissent ces champignons, à servir avec une salade de pousses d'épinards.

Facile | Pour **6 personnes** | Préparation **15 min** | Cuisson **25-30 min**

Ingrédients

- 12 champignons de Paris moyens
- 100 g de mozzarella
- 4 branches de basilic
- 450 g de brousse
- 100 g de parmesan râpé
- 2 gousses d'ail écrasées
- 3 c. à s. d'huile d'olive
- Sel, poivre

1. Préchauffez le four à 180 °C (th. 6). Retirez le pied des champignons (réservez-les pour un autre usage). Nettoyez les têtes dans un linge humide.

2. Coupez la mozzarella en petits dés. Rincez bien et séchez le basilic. Supprimez-en les plus grosses tiges. Réservez 12 feuilles pour décorer et ciselez finement le reste.

3. Dans une jatte, mélangez la brousse avec la mozzarella, le basilic ciselé, 80 g de parmesan, l'ail et 2 c. à s. d'huile d'olive. Salez légèrement et poivrez généreusement.

4. Garnissez les champignons de la préparation précédente. Disposez-les bien serrés dans un plat à four légèrement huilé. Parsemez-les du reste de parmesan. Enfournez pour 25 à 30 min. Décorez des feuilles de basilic et servez.

Champignons de Paris à la grecque

Redécouvrez cette recette classique en la préparant vous-même : elle est bien meilleure faite maison !

Facile | Pour **4 personnes** | Préparation **20 min** | Cuisson **30 min**

Ingrédients

- 500 g de petits champignons de Paris boutons
- 4 c. à s. d'huile d'olive
- 2 c. à s. d'huile de tournesol
- 2 carottes coupées en dés
- 1 oignon émincé
- 4 c. à s. de vin blanc sec
- 1 bouquet garni
- 1 c. à c. de graines de coriandre
- 1 gousse d'ail écrasée
- 2 tomates pelées et coupées en petits morceaux
- 3 c. à s. de feuilles de coriandre ciselées
- Sel, poivre noir du moulin

1. Nettoyez les champignons dans un linge humide. Coupez-en les tiges au ras du chapeau.

2. Dans une sauteuse à fond épais, faites chauffer la moitié de l'huile d'olive et l'huile de tournesol à feu moyen. Mettez-y les carottes et l'oignon à revenir 10 min, en remuant.

3. Ajoutez le vin blanc, le bouquet garni, les graines de coriandre, l'ail, les champignons et les morceaux de tomate. Salez et poivrez. Mélangez et baissez le feu. Laissez cuire 20 min environ à découvert, jusqu'à réduction des deux tiers de l'eau rendue par les tomates et les champignons.

4. Retirez le bouquet et laissez refroidir. Ajoutez le reste d'huile d'olive. Réservez au réfrigérateur jusqu'au moment de servir, parsemé de coriandre ciselée, avec de la viande froide.

Tajine printanier aux cocos plats

Des légumes primeurs aux épices douces… Un festival de flaveurs, à servir avec des filets de julienne grillés.

Facile | Pour **6 personnes** | Préparation **20 min** | Cuisson **50 min**

Ingrédients

– 1 botte de carottes primeurs
– 600 g de petites pommes de terre nouvelles
– 1 botte d'oignons nouveaux
– 200 g de cocos plats
– Les feuilles de ½ bouquet de coriandre
– 2 c. à s. d'huile d'olive
– Les gousses de 1 tête d'ail nouveau
– 1 c. à s. de cumin en poudre
– ½ c. à c. de gingembre en poudre
– 1 dosette de safran
– Sel, poivre

1. Lavez les carottes et les pommes de terre sans les peler. Conservez 2 cm des fanes des carottes. Nettoyez les oignons, en conservant la moitié des tiges vertes. Rincez et égouttez les cocos. Rincez et essorez les feuilles de coriandre, puis ciselez-les grossièrement.

2. Faites chauffer l'huile dans un plat à tajine (ou dans une cocotte à fond épais) à feu moyen. Mettez-y les oignons à revenir 5 min, en remuant. Ajoutez les carottes, les pommes de terre, l'ail en chemise (non pelé), le cumin, le gingembre, le safran, du sel et du poivre.

3. Mouillez avec 25 cl d'eau chaude, puis portez le tout à frémissements. Baissez le feu et couvrez. Laissez mijoter 20 min à feu doux, puis incorporez les haricots. Poursuivez la cuisson 20 min.

4. Découvrez le tajine (ou la cocotte). Laissez réduire le jus de cuisson 5 min. Goûtez et rectifiez l'assaisonnement. Parsemez de coriandre ciselée et servez aussitôt.

Le haricot coco plat

Ne confondez pas le coco de Paimpol, qui est un petit haricot mi-sec commercialisé à l'automne, avec le gros coco plat, **proche du haricot mange-tout**. On peut d'ailleurs plutôt le confondre avec ce dernier, mais le coco plat est **plus long,** et sa chair, plus fibreuse, interdit de le manger cru. Ce qui n'empêche en rien de le déguster en **salade** : comme les haricots verts, faite cuire les cocos plats 10 à 12 min à la vapeur ou à l'eau bouillante salée (ils doivent rester légèrement croquants sous la dent), puis rafraîchissez-les sous l'eau courante. On peut également les faire **mijoter dans de la sauce tomate,** ou les servir simplement parsemés d'une **persillade,** par exemple avec une viande grillée.

Julienne en paupiettes de chou vert

Ces paupiettes pimentées cuisent à la vapeur, pour préserver la saveur authentique du chou et du poisson.

Facile | Pour **4 personnes** | Préparation **20 min** | Cuisson **20 min**

Ingrédients

- 16 belles feuilles de chou vert
- 600 g de filets de julienne
- 8 pincées de piment d'Espelette en poudre
- 8 c. à c. de feuilles de coriandre finement ciselées
- 4 c. à s. de jus de citron
- 80 g de beurre doux
- 40 g de beurre demi-sel
- Sel, poivre blanc du moulin

1. Lavez les feuilles de chou. Retirez l'extrémité dure de leur côte centrale, puis faites-les blanchir 2 min à l'eau bouillante salée. Égouttez-les.

2. Coupez les filets de julienne en lanières dans la largeur. Répartissez-les sur 8 feuilles de chou. Parsemez de piment et de coriandre, puis arrosez de 3 c. à s. de jus de citron. Déposez enfin 1 noix de beurre doux sur le contenu de chaque feuille.

3. Recouvrez du reste des feuilles de chou, en enroulant celles-ci de tous côtés de façon à former les paupiettes. Ficelez-les sans serrer. Faites cuire 20 min à la vapeur.

4. Faites fondre le beurre demi-sel avec le reste du jus de citron à feu doux. Arrosez les paupiettes de beurre citronné et poivrez-les. Servez aussitôt (2 paupiettes par personne).

Le chou vert

Également appelé **chou frisé,** ou chou de Milan, le chou vert est un légume originaire du nord de l'Italie, mais aujourd'hui cultivé dans toute l'Europe, du Portugal jusqu'en Norvège. Il présente une **pomme centrale compacte,** qui abrite des feuilles tendres, jaune pâle, et des **feuilles extérieures vert foncé,** très épaisses, aux nervures bouclées caractéristiques. Il est excellent jusqu'au milieu du printemps, incontournable dans la préparation de la **potée** ou de la **soupe au chou,** et peut aussi rejoindre un pot-au-feu (les feuilles extérieures ou le quart d'un chou coupé). On le prépare en **chou farci** : blanchi à l'eau, il est ensuite effeuillé, puis reconstitué autour d'une farce savoureuse, à base de veau haché. Ses feuilles permettent également de préparer des **paupiettes** particulièrement goûteuses : une fois blanchies, elles deviennent souples, sans perdre leur résistance. Enfin, **l'embeurrée de chou** est une garniture exceptionnelle : les feuilles émincées en lanières sont blanchies, puis mijotées avec du beurre… beaucoup de beurre !

Conseils pratiques

• ACHAT

Le chou doit être bien lourd, avec une pomme centrale bien serrée. Les feuilles extérieures ne doivent pas être souples, mais au contraire cassantes (avec une tolérance pour les feuilles du pourtour, que vous éliminerez de toute façon).

• CONSERVATION

Le chou a la réputation de mal se conserver ; pourtant, glissé au réfrigérateur, vous le maintiendrez en parfait état une bonne dizaine de jours. Une fois cuit, en revanche, consommez-le rapidement, car il développe rapidement des saveurs désagréables (même si le chou est meilleur le lendemain de sa cuisson).

• PRÉPARATION

Retirez les feuilles du pourtour qui seraient sèches ou gâtées, avant de séparer les feuilles extérieures de la pomme. Rincez-les soigneusement à l'eau vinaigrée, pour éliminer les éventuels petits insectes. La pomme peut être cuite entière, coupée en quatre ou encore émincée.

• CUISSON

Il est important de blanchir les feuilles 5 à 10 min à l'eau bouillante, pour éliminer une partie de leurs composés soufrés (et limiter aussi les odeurs indésirables). Rafraîchissez-les ensuite sous l'eau courante avant de les cuisiner.

Le + nutrition

Le chou vert est l'un des légumes les plus riches en vitamine C, mais privilégiez la cuisson à la vapeur, car la cuisson à l'eau en élimine une bonne part. Il est aussi riche en vitamines A et du groupe B, ainsi qu'en calcium et en fibres. Il est très peu calorique… mais il adore la présence du lard à ses côtés : si vous faites un régime, tenez-vous-en au chou…

Pour 100 g
> 18 kcal
> Vitamine C : 20 mg
> Calcium : 60 mg
> Vitamine B3 : 0,2 mg
> Fibres : 2 g

Tagliatelle au chou vert et au parme

Une recette aux couleurs italiennes : le blanc des pâtes, le vert du chou et le rouge du jambon !

Facile | Pour **6 personnes** | Préparation **10 min** | Cuisson **20 min**

Ingrédients

- ½ chou vert frisé
- 4 c. à s. d'huile d'olive extravierge
- 500 g de tagliatelle
- 6 fines tranches de jambon de Parme découennées
- Sel, poivre

1. Détachez les feuilles du chou. Rincez-les bien et retirez-en les grosses côtes. Faites-les blanchir 2 min à l'eau bouillante. Égouttez-les soigneusement, puis émincez-les finement.

2. Faites chauffer la moitié de l'huile d'olive dans une sauteuse à feu vif. Mettez-y le chou à sauter 2 min, puis baissez le feu. Salez et poivrez. Laissez cuire 15 min à feu doux, en remuant souvent.

3. Pendant ce temps, faites cuire les tagliatelle à l'eau bouillante salée selon les indications portées sur l'emballage pour les garder *al dente*. Détaillez les tranches de jambon en lanières.

4. Égouttez bien les pâtes. Transférez-les dans la sauteuse. Ajoutez le jambon. Mélangez 1 min. Rectifiez l'assaisonnement, puis nappez du reste d'huile et servez.

Embeurrée de chou vert aux épices

Cuisiner ce mets classique avec des épices exotiques est tendance… surtout dégusté avec des baguettes !

Facile | Pour **4 personnes** | Préparation **10 min** | Cuisson **40-45 min**

Ingrédients

– 1 petit chou vert frisé
– 100 g de beurre demi-sel
– Les graines de 2 gousses de cardamome
– 1 c. à c. de graines de moutarde
1 c. à c. de curcuma
– ½ c. à c. de gingembre en poudre

1. Supprimez le trognon et les feuilles extérieures abîmées du chou. Coupez-le en quatre, lavez-le, puis faites-le blanchir 10 min à l'eau bouillante. Égouttez-le soigneusement, puis détaillez-le en lanières bien régulières, en éliminant les grosses côtes.

2. Dans une grande sauteuse, faites chauffer 60 g de beurre demi-sel à feu moyen. Mettez-y le chou à suer 5 min, en remuant. Incorporez les graines de cardamome et de moutarde, le curcuma ainsi que le gingembre. Mélangez bien. Baissez le feu et couvrez.

3. Laissez mijoter ainsi 25 à 30 min à feu doux, en remuant de temps en temps. Incorporez le reste de beurre coupé en dés et servez, avec du poisson poché, par exemple.

Purée de carottes et croquants cumin-sésame

Une garniture mêlant saveur et croquant, pour accompagner des médaillons de filet mignon ou du poulet grillé.

Facile | Pour **4 personnes** | Préparation **25 min** | Cuisson **25 min**

Ingrédients

- 800 g de carottes
- 1 pomme de terre bintje
- 1 pâte brisée préétalée
- 40 g de beurre + 20 g de beurre fondu
- 2 c. à c. de graines de cumin
- 2 c. à c. de graines de sésame
- 2 c. à c. de fleur de sel
- 1 c. à s. de crème fraîche
- 1 pincée de noix muscade
- 1 c. à c. de câpres surfines égouttées
- Sel, poivre du moulin

1. Pelez les carottes et coupez-les en rondelles. Pelez la pomme de terre et coupez-la en cubes. Mettez le tout dans une casserole, couvrez d'eau à hauteur, salez et poivrez. Portez à frémissements et laissez cuire 25 min.

2. Pendant ce temps, préchauffez le four à 190 °C (th. 6-7). Déroulez la pâte sur une plaque tapissée de papier sulfurisé, puis badigeonnez-la de beurre fondu au pinceau. Parsemez de graines de cumin et de sésame, et de fleur de sel.

3. Découpez la pâte en carrés ou en losanges avec une roulette et enfournez pour 12 à 14 min : la pâte doit tout juste commencer à dorer. Laissez refroidir hors du four.

4. Égouttez bien les légumes, puis réduisez-les en purée au moulin à légumes. Reversez dans la casserole et faites chauffer à feu doux pour légèrement dessécher cette purée.

5. Incorporez le beurre, puis la crème fraîche et la muscade. Rectifiez l'assaisonnement. Servez cette purée de carottes en petits bols, surmontée de câpres, avec les croquants cumin-sésame.

« Si vous utilisez des carottes fanes, grattez-les simplement, pour conserver le maximum de vitamines, et réservez les fanes pour un velouté. »

Carottes et salsifis sautés

Tendres et dorés, carottes et salsifis relevés de ciboulette seront parfaits servis avec du foie de veau.

Facile | Pour **4 personnes** | Préparation **20 min** | Cuisson **40 min**

Ingrédients

- 500 g de salsifis noirs (scorsonères)
- 3 c. à s. de jus de citron
- 1 c. à s. de farine tamisée
- 500 g de carottes nouvelles
- 1 c. à s. d'huile de tournesol
- 50 g de beurre en parcelles
- ½ botte de ciboulette grossièrement ciselée
- Sel, poivre

1. Pelez les salsifis et supprimez-en les racines, puis coupez-les en tronçons. Plongez-les au fur et à mesure dans de l'eau froide additionnée de 2 c. à s. de jus de citron. Lavez-les en les brassant.

2. Dans une casserole, délayez la farine dans 2 c. à s. d'eau. Ajoutez 1 l d'eau et 1 c. à s. de jus de citron. Portez à frémissements, en fouettant. Ajoutez les salsifis égouttés, salez, puis couvrez. Laissez frémir 15 min.

3. Lavez les carottes et supprimez-en les fanes. Faites chauffer l'huile dans une sauteuse à feu moyen. Mettez-y les carottes à sauter 5 min. Salez et poivrez. Mouillez avec 4 c. à s. d'eau et laissez cuire jusqu'à évaporation du liquide.

4. Ajoutez le beurre en parcelles et les salsifis égouttés. Laissez cuire 15 à 20 min, en remuant souvent : les légumes doivent être intensément dorés. Incorporez la ciboulette et servez.

Carottes jardinières en papillote

La cuisson en papillote est idéale pour préserver la saveur authentique des légumes de printemps !

Facile | Pour **4 personnes** | Préparation **25 min** | Cuisson **25 min**

Ingrédients

- Huile d'olive
- 12 petites carottes fanes
- 8 petits navets fanes
- 8 oignons blancs nouveaux
- Les fleurettes de 1 petite tête de brocolis
- 1 gros poivron rouge
- 100 g de lardons allumettes nature
- 1 c. à c. de thym séché
- 60 g de beurre demi-sel en parcelles
- 8 brins de ciboulette pour décorer
- Fleur de sel, poivre du moulin

1. Préchauffez le four à 200 °C (th. 6-7). Découpez 4 grands carrés de papier cuisson, puis huilez-les au pinceau.

2. Pelez les carottes et les navets, en conservant 2 cm de leurs fanes. Nettoyez les oignons blancs. Rincez et égouttez les fleurettes de brocolis. Lavez et séchez le poivron. Coupez-le en quatre, épépinez-le, puis émincez-le.

3. Dans un saladier, mélangez les légumes avec les lardons et le thym. Répartissez sur le papier cuisson. Parsemez de beurre et poivrez. Fermez les papillotes, sans serrer. Déposez-les sur une plaque à four. Enfournez pour 25 min.

4. Servez les papillotes à l'assiette, ouvertes. Parsemez les légumes d'un peu de fleur de sel et décorez de ciboulette.

Risotto de crozets et lardelles grillées

Cuisinés comme un risotto, les crozets (petites pâtes carrées) gardent gagnent ici en fondant.

Facile | Pour **4 personnes** | Préparation **25 min** | Cuisson **25 min**

Ingrédients

- 1 c. à s. d'huile de tournesol
- 1 oignon haché
- 1 courgette finement râpée
- 200 g de crozets de Savoie
- 15 cl de vin blanc de Savoie (apremont)
- 75 cl de bouillon de volaille
- 4 fines tranches de lard fumé
- 10 cl de crème fleurette
- Sel, poivre

1. Faites chauffer l'huile de tournesol dans une sauteuse. Mettez-y l'oignon à suer 3 min à feu moyen. Ajoutez la courgette et laissez suer 1 min, puis ajoutez les crozets et mélangez sur le feu.

2. Arrosez avec le vin blanc et laissez bouillonner 1 min, puis arrosez progressivement avec le bouillon de volaille, louchée après louchée, jusqu'à cuisson des crozets : comptez 25 min.

3. Pendant ce temps, préchauffez le four à 200 °C (th. 6-7). Taillez les tranches de lard en très fines lamelles, déposez-les sur une plaque tapissée de papier sulfurisé et enfournez pour 5 à 6 min : elles doivent devenir très croustillantes.

4. En fin de cuisson du risotto de crozets, ajoutez la crème fleurette, laissez frémir 2 min, puis rectifiez l'assaisonnement. Ajoutez le lard avant de servir.

Gratin de crozets au fromage de chèvre

Une alternative goûteuse au traditionnel gratin de crozets de Savoie, souvent préparé au beaufort.

Facile | Pour **4 personnes** | Préparation **15 min** | Cuisson **25 min**

Ingrédients

- 250 g de crozets de Savoie
- 15 cl de crème liquide
- 20 g de beurre pour les cassolettes
- 1 bûche de fromage de chèvre
- 4 brins de cerfeuil pour décorer
- Sel, poivre du moulin

1. Faites cuire les crozets à l'eau bouillante salée selon les instructions portées sur l'emballage, puis égouttez-les.

2. Pendant ce temps, préchauffez le four à 180 °C (th. 6). Une fois les crozets cuits, mélangez-les avec la crème fraîche, puis répartissez dans 4 cassolettes légèrement beurrées.

3. Coupez le fromage de chèvre en 8 rondelles, répartissez celles-ci sur les cassolettes et poivrez généreusement. Enfournez pour 25 min.

4. Laissez légèrement tiédir à la sortie du four, puis décorez de cerfeuil avant de servir.

Mini-cakes au gingembre

Ces petits cakes à la saveur relevée se servent par exemple avec un thé earl grey, pour un goûter entre amis.

Facile | Pour **25 à 30 mini-cakes** | Préparation **15 min** | Cuisson **20-25 min**

Ingrédients

- 200 g de sucre glace
- ½ c. à c. de gingembre en poudre
- 100 g de farine
- ½ sachet de levure chimique
- 80 g de poudre d'amandes
- 5 blancs d'œufs
- 60 g de beurre fondu + 20 g pour les moules
- 1 pincée de sel

1. Préchauffez le four à 210 °C (th. 7). Dans une jatte, tamisez ensemble le sucre glace, le gingembre, la farine et la levure chimique. Ajoutez la poudre d'amandes et le sel.

2. Ajoutez les blancs d'œufs et mélangez vigoureusement jusqu'à obtenir une pâte homogène. Incorporez le beurre fondu.

3. Répartissez le mélange dans des moules à mini-cakes beurrés (si vous utilisez des moules en silicone, inutile de les beurrer).

4. Déposez les moules sur une plaque, puis enfournez pour 20 à 25 min, suivant la taille des empreintes : les mini-cakes doivent être bien gonflés et commencer à dorer. Laissez tiédir hors du four avant de démouler.

Le gingembre

Rhizome (partie souterraine) d'une plante originaire d'Asie, le gingembre est un ingrédient utilisé comme aromate ou comme épice dans les cuisines créoles et asiatiques, notamment la **cuisine indienne**. Mais sa saveur très particulière s'est également glissée jusqu'au cœur des cuisines occidentales ; elle s'impose particulièrement dans les boissons de type ginger ale (« Canada Dry® ») ou dans le **pain d'épice**. Le rhizome frais est utilisé comme aromate, au même titre que l'ail, avec lequel il est d'ailleurs souvent associé : une fois pelée, sa chair est **finement hachée** ou râpée. Elle présente une saveur fraîche très parfumée, légèrement citronnée, qui relève de nombreux plats salés ou sucrés. Le gingembre peut aussi être centrifugé, pour donner un **jus au goût puissant**, de couleur verdâtre, qui peut être utilisé en cuisine ou, allié au rhum, fournir des cocktails détonants… Le **gingembre en poudre** a une saveur piquante et un goût prononcé ; il faut toujours l'utiliser avec circonspection : une pincée suffit largement à parfumer un plat !

Conseils pratiques

• ACHAT

Le gingembre doit être frais, bombé et bien dur. Cassez une branche du rhizome : la pulpe doit être très humide et surtout pas fibreuse. Fuyez surtout des rhizomes ridés ou racornis : ils n'auraient aucune saveur !

• PRÉPARATION

Si votre gingembre est très frais, il se hache ou se râpe, en formant une chair jaune, juteuse et compacte, qui pourra être utilisée en totalité. Mais les rhizomes un peu vieillis présentent au contraire une chair fibreuse : contentez-vous alors de les râper pour en extraire le suc, tout en supprimant les fibres.

• ACCORDS

Le gingembre parfume parfaitement les viandes blanches, dont le porc, et même les poissons. Il s'accorde bien avec l'ail, la coriandre, le citron vert, le poivre et le curcuma. Plus tard vous l'ajouterez dans la recette, plus celle-ci sera relevée.

• GINGEMBRE CONFIT

Une fois confit au sucre, le gingembre donne une confiserie au goût piquant, qui peut présenter un léger arôme de savon quand il a été mal conservé. Il se marie idéalement avec le chocolat, par exemple dans des petits mi-cuits au cœur coulant.

Le + nutrition

Comme le gingembre est pauvre en sodium, sa saveur piquante est parfaite pour remplacer le sel dans un régime hyposodé. Le gingembre en poudre est trois fois plus calorique que le gingembre frais, mais on le consomme toujours en quantité très limitée. Il favorise la digestion et apaiserait les nausées, notamment liées au mal des transports. Enfin, on prétend qu'il serait aphrodisiaque…

Pour 100 g de gingembre en poudre

- > 340 kcal
- > Protéines : 8 g
- > Glucides : 61 g
- > Potassium : 1120 mg
- > Fibres : 9,5 g

Strudel aux pommes

Cette déclinaison de la recette tyrolienne originelle est aussi succulente que facile à réussir !

Facile | Pour **6 personnes** | Préparation **30 min** | Cuisson **40 min**

Ingrédients

- 100 g de raisins secs
- 1 c. à s. de rhum ambré
- 1 c. à s. de farine
- 250 g de pâte feuilletée
- 500 g de pommes reinettes grises du Canada
- Le jus de ½ citron
- 100 g de sucre en poudre
- 1 c. à s. rase de cannelle en poudre
- 100 g d'amandes effilées
- 50 g de beurre fondu
- Sucre glace

1. Préchauffez le four à 190 °C (th. 6-7). Mélangez les raisins avec le rhum et 2 c. à s. d'eau tiède. Sur le plan de travail légèrement fariné, étalez la pâte en un rectangle de 3 mm d'épaisseur.

2. Épluchez et épépinez les pommes. Coupez-les en dés. Mélangez-les avec le jus de citron, les raisins, le sucre, la cannelle et la moitié des amandes.

3. Répartissez sur la pâte jusqu'à 2 cm des bords. Roulez en refermant les extrémités de la pâte sur la garniture. Faites glisser le strudel sur une plaque à pâtisserie humide. Badigeonnez-le au pinceau de 30 g de beurre et parsemez du reste d'amandes.

4. Enfournez le strudel pour 40 min. À la sortie du four, badigeonnez-le du reste de beurre, puis poudrez-le de sucre glace. Servez tiède.

Brioches amandines dorées aux pommes

Une vraie recette « du placard », pour valoriser un reste de brioche et les dernières pommes de votre panier...

Facile | Pour **4 personnes** | Préparation **10 min** | Cuisson **8 min**

Ingrédients
- 8 tranches de brioche
- 60 g de beurre fondu
- 8 c. à c. de poudre d'amandes
- 2 à 3 pommes idared ou golden
- 2 c. à s. de jus de citron
- 8 c. à c. de sucre cristallisé
- 40 g d'amandes effilées

1. Préchauffez le four à 200 °C (th. 6-7). Disposez les tranches de brioche sur une plaque tapissée de papier sulfurisé (plutôt que sur une grille : elles deviendraient trop croustillantes).

2. Badigeonnez-les légèrement de beurre fondu, puis saupoudrez-les généreusement de poudre d'amandes.

3. Pelez et épépinez les pommes, coupez-les en fines rondelles et répartissez-les sur les brioches. Badigeonnez-les au pinceau de jus de citron, puis saupoudrez-les de sucre cristallisé.

4. Parsemez des amandes effilées et enfournez pour 8 min environ. Laissez tiédir sur une grille avant de servir, avec 1 tombée de crème fraîche ou 1 boule de crème glacée à la vanille.

Tartelettes mendiantes

Noix de macadamia, pistaches, noisettes, amandes, raisins secs... Un festival de fruits secs au caramel miellé.

Facile | Pour **4 personnes** | Préparation **20 min** | Cuisson **12-14 min**

Ingrédients

- 20 g de beurre fondu pour les moules + 40 g de beurre en parcelles
- 1 pâte brisée préétalée
- 85 g de sucre en poudre
- 2 c. à s. de crème fraîche épaisse
- 2 c. à s. de miel
- 30 g de pistaches décortiquées
- 30 g de noisettes grossièrement concassées
- 30 g de noix de macadamia coupées en deux
- 30 g d'amandes mondées grossièrement concassées
- 30 g de raisins secs blonds
- Sel

1. Préchauffez le four à 200 °C (th. 6-7). Beurrez 4 moules à tartelettes de 9 cm de diamètre.

2. Avec un emporte-pièce de 12 cm de diamètre, découpez 4 disques dans la pâte. Garnissez-en les moules, puis piquez les fonds à la fourchette. Couvrez-les de papier d'aluminium et lestez-les de légumes secs. Enfournez pour 10 min. Retirez l'aluminium et le lest, puis poursuivez la cuisson 2 à 4 min. Sortez du four et laissez refroidir.

3. Dans une casserole à fond épais, mélangez le sucre avec 1 pincée de sel, la crème et le miel. Faites caraméliser à feu doux, en remuant jusqu'à obtenir une jolie coloration blonde, puis incorporez le beurre.

4. Ajoutez tous les fruits secs au caramel. Remuez pour bien les en enrober, puis répartissez le tout sur les fonds de tartelettes. Laissez complètement refroidir avant de déguster.

« Concassez les noix de macadamia avec un couteau à lame large, après les avoir coupées en deux pour éviter qu'elles ne roulent. »

La noix de macadamia

Attention, la noix de macadamia est une bombe ! Graine d'un arbre originaire d'Australie, cette **petite boule blanchâtre** est d'abord très calorique : c'est sans doute, après les graisses pures (huiles, beurre…), l'**aliment le plus calorique**, et pour cause : elle contient 76 % de lipides ! (Le beurre en contenant 82 %…) Mais ces lipides sont constitués à **60 % d'acides gras insaturés**, bons pour le cœur et la circulation sanguine : consommez-la **en petites quantités**, mais ne la dédaignez pas ! Ce serait d'autant plus dommage que c'est également une bombe… de saveur ! Elle est en effet particulièrement **goûteuse**, et elle peut être servie de l'**apéritif** (grillée et salée) au **dessert**, ou même, une fois concassée, parsemée sur des viandes grillées. Vous pouvez aussi en enrober un filet de poisson avant de le faire dorer. On en tire enfin une huile aromatique, particulièrement prisée en **cosmétique**, à l'instar de l'huile d'argan.

Conseils pratiques

• ACHAT

On trouve rarement des noix de macadamia fraîches, dans leur coque très dure : il faut alors les briser au casse-noix pour déloger les précieuses graines. Elles sont cependant de plus en plus fréquemment proposées décortiquées et conservées sous vide. Enfin, grillées et salées, réservez-les pour l'apéritif.

• CONSERVATION

Très riche en lipides, la noix de macadamia ne rancit pourtant pas rapidement, à condition d'être conservée dans son emballage d'origine, à l'abri de l'air et dans un endroit pas trop chaud, pour éviter qu'elle n'exsude son huile.

• GRILLÉES

Les noix de macadamia sont remarquables par leur saveur, mais également par leur croquant : pour les mettre particulièrement en valeur, faites-les griller à sec 30 s dans une poêle antiadhésive à feu vif, en remuant souvent, ou encore 3 min au four, à 180 °C (th. 6).

• CONCASSÉES

Pour les concasser, évitez le mixeur, qui risque de les réduire en une purée huileuse peu agréable : coupez-les d'abord en deux, puis déposez-les sur une plaque, face coupée dessous, et concassez-les grossièrement à l'aide d'un couteau à lame large.

Le + nutrition

Outre sa richesse en lipides – essentiellement des acides gras insaturés –, qui la rend exceptionnellement calorique, la noix de macadamia est une bonne source de potassium et de magnésium. Elle contient également du manganèse, du magnésium et une énorme quantité de fibres.

Pour 100 g

> 735 kcal

> Protéines : 6,5 g

> Glucides : 5 g

> Lipides : 76 g

dont 12 g d'acides gras saturés

> Manganèse : 4,1 mg

> Fibres : 9 g

La crème fraîche

Prélevée à la surface du **lait frais**, la crème subit plusieurs types de transformation avant de parvenir dans nos assiettes. On l'utilise dans de nombreuses préparations, aussi bien salées que sucrées, notamment pour **déglacer** la poêle de cuisson des viandes ou des poissons, ou pour préparer des **sauces**. La véritable **crème crue**, aussi appelée « crème fermière », est vendue par les crémiers, plutôt dans les zones de production. Ni vraiment épaisse ni vraiment liquide, elle est d'une saveur incomparable, mais ne se conserve que quelques jours. On appelle communément « **crème fraîche** » de la crème ensemencée de lactobacilles (à la manière d'un yaourt), puis pasteurisée. On obtient ainsi une crème bien épaisse, légèrement acidifiée, particulièrement stable. Elle contient de **30 à 35 % de matières grasses**, mais il existe des versions allégées. La **crème liquide**, ayant subi un traitement UHT, se conserve très bien, mais elle est moins savoureuse. Avec la **crème fleurette**, c'est la seule qui puisse être montée en **chantilly** (crème fouettée sucrée).

Conseils pratiques

• CONSERVATION

La crème fraîche épaisse se conserve bien plusieurs semaines au réfrigérateur, dans son récipient refermé. La crème liquide se garde quant à elle plusieurs mois (vérifiez bien la date limite de consommation), mais se dégrade en quelques jours après ouverture.

• CUISSON

La crème cuit sans grainer ni se défaire, contrairement au lait ou au yaourt, même en présence d'un acide. La crème liquide peut réduire à feu doux, mais on fait généralement cuire la crème épaisse peu de temps, pour en préserver la saveur.

• CRÈME FRAÎCHE D'ISIGNY

193 communes situées autour d'Isigny peuvent prétendre produire la crème fraîche AOC du même nom, selon un cahier des charges strict. Avec 40 % de matières grasses, elle est particulièrement onctueuse ; c'est sans doute la meilleure du monde…

• CRÈME CHANTILLY

Préférez la crème fleurette, dont la consistance est idéale. La crème doit être très froide, de même que les ustensiles : placez la jatte et le fouet au congélateur 10 min avant de procéder. Ne prolongez pas au-delà du stade voulu : vous obtiendriez du beurre !

Le + nutrition

Bien sûr, la crème fraîche est calorique, mais elle métamorphose les plats… Si vous surveillez votre ligne, réduisez les quantités, ou utilisez de la crème fraîche allégée. Elle est aussi riche en vitamine A et en calcium, directement hérités du lait dont elle est issue.

Pour 100 g (30 % de MG)
> 295 kcal
> Protéines : 2 g
> Glucides : 3 g
> Lipides : 30 g dont 19 g d'acides gras saturés
> Vitamine A : 250 µg
> Calcium : 70 mg

Choux à la crème

La pâtisserie dans toute sa folle simplicité, pour épater vos amis en leur offrant un grand classique inégalé.

Facile | Pour **12 beaux choux** | Préparation **25 min** | Cuisson **25 min**

Ingrédients

- 10 cl de lait
- 60 g de beurre
- 125 g de farine
- 3 œufs
- 15 cl de crème liquide très froide
- 1 c. à c. de sucre glace
  + un peu pour la finition
- 1 pincée de sel

1. Versez 10 cl d'eau dans une casserole, ajoutez le lait, le sel et le beurre coupé en parcelles. Portez à frémissements à feu moyen.

2. Ajoutez la farine d'un coup et mélangez le tout vigoureusement. Faites dessécher 2 min, toujours en mélangeant, puis retirez du feu et laissez tiédir. Incorporez les œufs un à un. Préchauffez le four à 200 °C (th. 6-7).

3. Avec une poche à douille ou deux cuillères humidifiées, déposez 8 grosses noix de pâte sur une plaque tapissée de papier sulfurisé. Espacez bien. Enfournez pour environ 25 min, sans ouvrir la porte du four dans les 10 premières minutes.

4. Laissez refroidir les choux hors du four, puis coupez-les en deux. Montez la crème en chantilly avec le sucre glace, puis garnissez-en les choux avec une poche à douille. Poudrez de sucre glace avant de servir.

Tarte aux fraises et crème fouettée

Divinement onctueuse, la crème fouettée est la compagne idéale des fraises parfumées qui garnissent la tarte.

Facile | Pour **6 personnes** | Préparation **20 min** | Cuisson **13-15 min**

Ingrédients

- 20 g de beurre ramolli
- 1 pâte sablée pur beurre préétalée
- 800 g de fraises
- 25 g de sucre en poudre
- 1 filet de jus de citron
- 40 cl de crème fraîche épaisse très froide
- 2 sachets de sucre vanillé
- Sucre glace

1. Préchauffez le four à 200 °C (th. 6-7). Beurrez au pinceau un moule de 24 cm de diamètre, puis garnissez-le de la pâte sablée et piquez le fond à la fourchette. Couvrez de papier d'aluminium et lestez de légumes secs. Enfournez pour 10 min. Retirez l'aluminium et le lest. Poursuivez la cuisson 3 à 5 min.

2. Rincez et égouttez les fraises. Équeutez-les et coupez-les en morceaux. Mixez-en 200 g avec le sucre en poudre et le jus de citron. Versez dans une casserole et faites tiédir à feu doux.

3. Dans une jatte, fouettez la crème fraîche avec le sucre vanillé, en cessant de fouetter quand elle commence à mousser.

4. Répartissez les fraises sur le fond de pâte. Nappez-les du coulis tiède et poudrez de sucre glace. Servez avec la crème fouettée.

Croque-chocolat à la banane

Des croque-monsieur sucrés, pour un délicieux dessert tout en gourmandise régressive...

Facile | Pour **4 personnes** | Préparation **5 min** | Cuisson **5 min**

Ingrédients
- 8 tranches de pain de mie brioché
- 80 g de chocolat noir ou au lait
- 1 banane
- 40 g de noix de pécan
- 60 g de beurre fondu

1. Disposez 4 tranches de pain de mie à plat sur le plan de travail. Cassez le chocolat en morceaux et répartissez-les sur les tranches de pain de mie, en laissant un pourtour libre de 1 cm environ.

2. Pelez la banane, coupez-la en fines rondelles et disposez celles-ci sur le chocolat. Concassez grossièrement les noix et ajoutez-en la moitié.

3. Recouvrez des autres tranches de pain de mie, badigeonnez ces croque-chocolat de beurre fondu au pinceau, des deux côtés.

4. Faites chauffer 2 à 3 min dans un gril adapté, muni de plaques à croque-monsieur (à défaut, dans une poêle antiadhésive, à feu vif).

5. Laissez légèrement tiédir avant de servir, coupé en deux, parsemé du reste de noix de pécan.

Bananes créoles flambées au rhum ambré

L'alliance de la banane et du rhum offre l'un des mariages sucrés les plus réussis, évoquant les îles.

Facile | Pour **4 personnes** | Préparation **10 min** | Cuisson **8 min**

Ingrédients

- 4 bananes pas trop mûres
- 40 g de beurre
- 4 c. à c. de sucre cristallisé
- 4 cl de rhum ambré

1. Pelez les bananes et coupez-les délicatement en deux dans la longueur. Faites fondre le beurre immédiatement à feu moyen dans une grande poêle (ne faites pas attendre les bananes, elles noirciraient), puis déposez-y les bananes face bombée vers la poêle.

2. Faites dorer les bananes 3 min, retournez-les, puis prolongez la cuisson 2 min.

3. Poudrez les bananes de sucre, puis laissez légèrement caraméliser. Coupez le feu.

4. Aspergez de rhum, puis flambez aussitôt (éteignez la hotte aspirante et procédez avec précaution, pour ne pas vous brûler). Servez sans attendre, avec 1 boule de crème glacée rhum-raisins.

Tiramisu

Retrouvez l'incroyable saveur du tiramisu, à préparer en à peine 15 min... En route pour la Toscane !

Facile | Pour **8 personnes** | Préparation **15 min** | Sans cuisson | Réfrigération **4 h**

Ingrédients

– 4 œufs
– 125 g de sucre en poudre
– 250 g de mascarpone
– 20 cl de café très fort
– 2 c. à s. de marsala
– 350 g de biscuits à la cuiller
– 40 g de cacao amer en poudre

1. Cassez les œufs en séparant les jaunes des blancs. Dans une jatte, fouettez les jaunes et le sucre jusqu'à ce que le mélange blanchisse, puis incorporez délicatement le mascarpone.

2. Montez les blancs en neige bien ferme. Détendez la préparation précédente avec un quart des blancs en neige, en fouettant vigoureusement, puis incorporez le reste en soulevant la masse à la spatule.

3. Mélangez le café et le marsala. Trempez rapidement les biscuits à la cuiller un à un dans ce café aromatisé, puis disposez-en une couche dans un plat profond.

4. Recouvrez les biscuits trempés de la moitié de la crème au mascarpone, ajoutez une nouvelle couche de biscuits trempés, puis le reste de crème. Réservez au moins 4 h au réfrigérateur. Poudrez de cacao tamisé, juste avant de servir.

Le café

Boisson stimulante, très largement consommée dans le monde entier, le café est issu d'un **arbuste poussant dans les zones tropicales**, sans doute originaire d'Éthiopie, où les hauts plateaux lui conviennent parfaitement. Il est aujourd'hui majoritairement cultivé en Amérique du Sud (Brésil, Colombie, Pérou…), en Afrique (Éthiopie, Kenya, Ouganda…) et en Indonésie. C'est l'un des principaux produits du **commerce équitable**. Les fruits du caféier, rouges à maturité (on les appelle alors les « cerises ») contiennent chacun 2 grains verts, qui sont décortiqués, puis torréfiés. Il en existe 2 variétés : l'**arabica** et le **robusta**, mais chaque terroir produit des qualités de café très différentes ; il existe même des « crus », en fonction des années. Le café est principalement consommé en boisson chaude, mais il est également à la base de nombreux cocktails (dont le célèbre **irish coffee**), et on l'utilise pour aromatiser pâtisseries et desserts. Le **tiramisu** italien l'associe à la perfection au crémeux mascarpone (voir p. 90), et c'est le parfum traditionnel du **gâteau moka**.

Conseils pratiques

• ACHAT
L'idéal est d'acheter le café en grains, non moulu, car il s'évente très rapidement. Moulez-le à la demande, au maximum quelques jours à l'avance, et conservez-le alors au réfrigérateur, dans une boîte hermétique.

• PRÉPARATION
Le café peut être préparé de diverses manières, pour des résultats très différents : il existe des cafetières à filtre, à piston, « italiennes »… Pour le préparer à la turque, il vous suffira d'une petite casserole. Le café espresso nécessite l'utilisation d'une machine adaptée ; sa mousse fine est incomparable.

• MOUTURE
Suivant l'utilisation, le café doit être moulu plus ou moins finement : moulez-le grossièrement pour une cafetière filtre, plus finement pour une cafetière à piston ou un café turc, et enfin très finement pour un espresso.

• ARABICA OU ROBUSTA ?
L'arabica est indiscutablement le plus aromatique, le robusta étant plus typé et plus fort en caféine. Certains mélanges, mêlant les deux variétés, parviennent à un équilibre parfait. Laissez-vous tenter par le moka : cette variété d'arabica, ne poussant qu'en Éthiopie, a une saveur douce, parfaite pour le soir.

Le + nutrition

La substance psychoactive du café, la caféine, n'est pas anodine : une consommation immodérée peut d'ailleurs entraîner des troubles sévères. Attention, le café « décaféiné » n'en est jamais complètement dépourvu ! La caféine a aussi un effet hypertenseur, ce qui la fait déconseiller par exemple aux personnes souffrant de maladies de cœur. Dépourvu de calories (du moins s'il n'est pas sucré !), le café réduit cependant l'absorption du fer ou des vitamines du groupe B.

Caféine contenue dans 10 cl de café

- **> Café filtre : 70 mg**
- **> Café soluble : 55 mg**
- **> Café espresso : 180 mg**
- **> Café décaféiné : 5 mg**

Petits pots de crème au café

Les amoureux du café plébiscitent ces petites crèmes d'une exquise onctuosité. À déguster sans modération !

Facile | Pour **6 personnes** | Préparation **15 min** | Cuisson **20-25 min**

Ingrédients

- 3 gros œufs
- 60 g de cassonade
- 60 cl de lait entier
- 1 c. à s. de café soluble
- 6 grains de café en chocolat (facultatif)

1. Préchauffez le four à 150 °C (th. 5). Tapissez une plaque à four creuse de papier absorbant.

2. Dans un saladier, fouettez bien les œufs avec la cassonade, jusqu'à ce que le mélange blanchisse. Portez le lait à frémissements. Incorporez-y le café soluble, puis versez le tout en filet sur le contenu du saladier, en fouettant pour homogénéiser.

3. Filtrez la préparation au travers d'une passoire fine, puis répartissez-la dans 6 petits pots individuels supportant la chaleur.

4. Déposez les pots sur la plaque. Versez-y de l'eau très chaude jusqu'à mi-hauteur, en veillant à ne pas éclabousser la crème. Enfournez pour 20 à 25 min : une lame de couteau plongée au centre d'un pot doit ressortir nette.

5. Laissez bien refroidir, puis réservez 4 h au frais avant de servir, éventuellement décoré de grains de café en chocolat.

« Il existe deux variétés de café, l'arabica et le robusta, dont l'arôme varie en fonction du sol sur lequel ils sont produits – et même des années, comme pour le vin ! »

Crème renversée à l'ananas

Dans la famille des ananas, le petit victoria est probablement le plus juteux et le plus intensément parfumé.

Délicat | Pour **4 personnes** | Préparation **25 min** | Cuisson **45 min**

Ingrédients

- 1 ananas victoria bien mûr
- 100 g de cassonade
- Le jus de ½ citron
- 1 flacon de 20 cl de caramel liquide
- 5 œufs
- 1 c. à s. de rhum blanc

1. Préchauffez le four à 150 °C (th. 5). Pelez l'ananas et retirez-en les yeux de la pointe d'un couteau. Coupez-le en rondelles. Détaillez-les en petits morceaux.

2. Dans une casserole, mélangez la cassonade avec 25 cl d'eau et le jus de citron. Portez le tout à frémissements à feu doux. Réservez 12 morceaux d'ananas pour décorer et faites pocher les autres 5 min dans le sirop. Mixez, puis portez de nouveau à frémissements.

3. Nappez le fond et la paroi d'un moule à manqué avec le caramel. Dans une jatte, fouettez les œufs avec le rhum. Ajoutez progressivement la préparation précédente en fouettant, puis versez dans le moule.

4. Enfournez pour 40 min au bain-marie. Laissez refroidir avant de démouler, puis de servir, décoré des morceaux d'ananas réservés.

A à Z du mois de Mars

Les folios marqués d'une * renvoient aux encadrés produits ou aux pages Marché de Mars.